U0939341

百年交大故事撷英

精勤求学
敦笃励志
果毅力行
忠恕任事

上海交通大学校史编纂委员会/编

饮水思源
爱国荣校

上海交通大学出版社
SHANGHAI JIAO TONG UNIVERSITY PRESS

勤 俭 敬 信

内容提要

本书精选了20篇体现交大历史文化的重要文献、文章或访谈录，从不同的视角出发，生动描绘了交大在不同历史时期的重要事件、精神风貌和校园趣事，为今人感悟交大文化、重温交大历史、促进励志成才提供了鲜活的历史记录。

图书在版编目（CIP）数据

百年交大故事撷英 / 上海交通大学校史编纂委员会编. —上海：上海交通大学出版社，2021.8

ISBN 978-7-313-25334-7

Ⅰ.①百… Ⅱ.①上… Ⅲ.①上海交通大学—校史 Ⅳ.①G649.285.1

中国版本图书馆CIP数据核字（2021）第166502号

百年交大故事撷英

BAINIAN JIAODA GUSHI XIEYING

编　　者：上海交通大学校史编纂委员会
出版发行：上海交通大学出版社　　地　　址：上海市番禺路951号
邮政编码：200030　　电　　话：021-64071208
印　　制：上海盛通时代印刷有限公司　　经　　销：全国新华书店
开　　本：787mm×1092mm　1/32　　印　　张：5.875
字　　数：108千字
版　　次：2021年8月第1版　　印　　次：2021年8月第1次印刷
书　　号：ISBN 978-7-313-25334-7
定　　价：35.00元

饮　水　思　源　　爱　国　荣　校

主　编：朱隆泉
副主编：蔡西玲
编　纂：欧七斤　叶　璐

前　言

在上海交通大学百余年历史的发展长河中，留下许多韵味深长的校史故事。将这些散落四方的交大故事汇集成册，一则，便于感兴趣的师生校友集中阅读，细细品味；二则，也是更重要的，这些文字，或生动隽永，或直白素朴，但是均从不同层面，显示出悠悠百年的交大精神，展现出富有特色的教学传统，折射出历代交大人的品格风貌。

“饮水思源，爱国荣校”是上海交通大学的校训，也是交大精神的形象表达。交大精神不仅仅是一种精神理念，而且也是交大人毕生奋斗的多彩人生的写照，其来自孜孜不倦的师生、校友，来自历久弥新的学风、校风，也来自曾经朝夕相处的教室、图书馆、体育场、实验室、宿舍、青青的大草坪和别样的校门。交大精神在交大人血液里流淌，世代传承，川流不息，浩荡向前，终成洪流。

一百多年来，交大在一代代名师学人的丰富教学实践中，形成了鲜明的教学传统，概括起来就是“起点高，基础厚，要求严，重实践，求创新”。教书育人是教育之根本，一代代交大人接续奋斗，传承和发扬了交大的教学传统，这也是交大之所以不断走向成功的一条“黄金定律”。

本书精选了20篇体现交大历史文化的重要文献、文章或者访谈录。他们中间，有些是交大事业的重要开创者、掌校者，有些是毕生为交大服务的教授、名师，还有些是曾在交大学习生活的各行各业的杰出校友。他们从不同的视角出发，书写了在交大学习、工作、生活的感悟和终生难忘的片段，生动描绘了交大在不同历史时期的重要事件、精神风貌和校园趣事，为今人感悟交大文化、重温交大历史、促进励志成才提供了鲜活的历史记录。

本书首次出版是2006年，即上海交大建校110周年之际，原书名是《思源湖——上海交通大学百年故事撷英》，由学校校史编纂委员会主任王宗光提议组编并指导审订，原党史校史研究室研究人员朱隆泉、蔡西玲负责选编，分任主编、副主编；出版面世以来，深受交大师生校友和社会人士的喜爱好评，曾于2009年重印。

2021年，适逢中国共产党成立100周年和上海交通大学建校125周年，也是本书首次出版后的第15个年头。为适应新时代新形势立德树人的发展要求，满足交大新生、新员工及时感悟交大历史文化的需求，在学校党委书记杨振斌等校领导的关心指导下，我们遵循在保持原貌基础上突出主题、精简优化的原则，将原书69篇文章减至20篇（含替换钱学森回忆文章1篇），并对人物简介、随文插图、部分文字予以更新、调换与修订，进而推出了该书的精编版，以飨交大师生校友及广大读者。望不吝批评指正！

目　录

上光绪皇帝的办学奏折

盛宣怀

盛宣怀（1844—1916），江苏武进（今江苏常州）人，字杏荪，号愚斋。自19世纪70年代涉足洋务以来，一直活跃在中国工业化运动的前沿，创办了中国最早的轮船、电报、煤矿、冶炼、铁路、纺织、银行等近代新兴事业，被誉为中国近代“实业之父”。在开拓实业的征程中，他深感教育与人才的重要，创办中国人自己最早创办的两所近代大学——北洋大学堂和南洋公学，对中国近代学校教育制度的建立起到了率先垂范的作用。

一、请设学堂片[1]

光绪二十二年九月（1896 年 10 月）

再，使命不辱专对称能，自非学人莫任斯选。迩者环球通商，皇华载道，泰西各国来华使臣，类能尊主庇民，克举厥职，虽凭借国势，要其才行多有本原。日本维新未久，观其来者亦往往接武西士。中国遣使交邻，时逾廿载，同文之馆培植不为不殷，随使之员阅历不为不广，然犹不免有乏才之叹者。何欤？毋亦孔孟义理之学未植其本，中外政法之故未通其大，虽娴熟其语言文字，仅同于小道，可观而不足以致远也。

臣上年在津海关道任内，筹款设立学堂，招选生徒，延订华洋教习，分教天算、舆地、格致、制造、汽机、化矿诸学，禀经直隶督臣王文韶奏明开办。本年春间，又在上海捐购基地，禀明两江督臣刘坤一，筹款议建南洋公学，如津学之制而损益之，俟筹办就绪，再当陈奏。综厥课程，收效皆在十年之后，且诸生选自童幼，未有一命之秩，既不能变更科举，即学业有成，亦难骤膺显擢，予以要任，相需方殷，缓不济急。日本明治初元，鹿儿岛马关战屡失利，诸藩皆择遣藩士翘楚，厚其资装，就学外国，

1 录自盛宣怀《愚斋存稿》第 1 卷，第 11—13 页，1939 年版。

今当路诸人，率出于此。拟请略取其意，在京师及上海两处各设一达成馆，取成材之士，专学英法语言文字，专课法律、公法、政治、通商之学，期以三年，均有门径，已通大要，请命出使大臣奏调随员，悉取于两馆。俟至外洋，俾就学于名师，就试于大学，历练三年，归国之后，内而总署章京，外而各口关道使署参赞，皆非是不得与，资望既著，即出使大臣、总署大臣之选也。其入馆之法，两馆各以三四十名为额，京官取翰林、编检、六部司员；外官取候补、候选州县以上，道府以下；令京官四品以上、外官三品以上各举所知，出具切实考语保送，特简专司学政大臣考取，分发京师、上海两馆，其常年经费，延请洋教习及馆舍膏奖书籍食用各项，每年两馆约需银十万两，请由臣在所管招商轮船、电报两局内捐集解济，以伸报效。其设馆之地，京师由专司学政大臣酌定，上海附于南洋公学。详细章程，俟奉谕旨后，由专司学政大臣核定奏咨照办。

抑臣更有陈者，孔门以德行为首科，西学以修身为根本，必先贞固乃为干事之材，未有华士可当重远之寄。保送之人必以志操坚卓、器识深稳为指归，勿震声华，勿牵私故，庶几行己有耻，可使四方。此则内外诸臣所共知，而在臣特为鳃鳃过虑者也。谨附片具陈，伏乞圣鉴训示。谨奏。

二、南洋公学历年办理情形折[1]

光绪二十八年九月（1902年10月）

奏为敬陈南洋公学历年办理情形，请旨遵行，仰祈圣鉴事。

窃臣于光绪二十二年十二月十二日奏请由轮、电两局集捐，筹办南洋公学以育人才。奉朱批：该衙门知道，钦此。钦遵在案。开办以后六年于兹。其始，风气未开，荐绅子弟观望不前，来学者大率寒畯为多，且有来而复去者。迨去冬新政诏下，各省人士承流仰风，以公学无籍贯畛域之分，自愿入学者麇至，而不能遍录。此诚见多士向学之诚，亦足征圣世作人之化，桴鼓相应，捷于影响也。

查公学所设之目凡八：

曰上院，视西国专门学校，肄习政治、经济、法律诸科；曰中院，视西国中学校，肄习中西文普通诸学；曰师范班，视西国师范学校，肄习师范教育、管理学校之法；曰蒙学堂，视西国小学校，专教幼童，为中院储才之地，分高等、补习二级，略如西国寻常高等之意；曰特班，变通原奏速成之意，专教中西政治、文学、法律、道德诸学，以储经济特科人才之用。其附属公学者，曰译书院，专译东、西国政治、教育诸书，以应时需及课本之用；曰东文学堂，

1　录自盛宣怀《愚斋存稿》第8卷，第31—34页，1939年版。

考选成学高才之士，专习东文，讲授高等普通科学，以备译才；曰商务学堂，当以中院卒业学生递年升入，并招考外生，另延教习，分门教授，以备将来榷税兴商之用。

计师范开于二十三年，中院开于二十四年，蒙学堂开于二十五年，特班、东文班开于二十七年。上院则以现在生徒卒业者，除已派出洋外，所留无多，先设政治专班为预科，俟随后考升，再行定期开办。商务学堂尚须添建房屋，专延教习，大约二十九年可以开办。此臣六年来办理南洋公学之大略情形也。

公学系商捐经费，学资不出于一方，士籍不拘于一省，襟江带海，负笈群趋。以开办最先一节言之，实与日本江户之开成所学堂情形相似。江户后定都为东京，于是开成所与昌平黉合并而为东京大学。彼所处之地得托首善以正名，诚非上海一隅所能望。伏读光绪二十七年八月初二日上谕：饬令各省普设学堂；十月二十五日上谕：允准政务处、礼部所拟《学堂选举鼓励章程》，并准山东先建之学堂，照此次所拟章程一律办理等。因公学创办于奏旨之先，与山东同。其兼备中学、小学于一地，亦与山东同。其上院课程较山东学堂且高一级。在朝廷振兴学校，培育人才，自无不优予鼓舞。第谕旨未见明文，而南洋公学亦无省、府、州、县之名可居比拟为难，等级未定，诸生遂不免长虑却顾，甚至辍业他往，废于半途。盖风气之开也在先，而出生之定也居后。其有向隅之叹，抑亦人情所不能免者。

伏查新颁《钦定高等学堂章程》第三节内开：如大省物力富、人才多，十年之后其功课程度真足与大学规模一律，即可成为大学堂。又如繁富之府、厅、州、县地方及通商大埠，虽非省会，若能创设与高等学堂程度相等之学堂，亦可称为高等学堂等语。又考泰西诸大学校，多在通都大邑、民物殷盛之区，各省府不能尽建巨黉，各巨黉亦不必尽在省府。其不仰给于国家经费者，若英若美所在多有，并系绅商集款建设为特别之大学堂，其学生卒业给凭与国家大学堂学生身份无异。是则准诸定章，征诸西制，公学事例正与相同。拟请朝廷明降谕旨，准南洋公学卒业学生，照政务处、礼部所拟《学堂选举鼓励章程》一律办理，并明定该公学为“南洋高等公学堂”，所有卒业各生，即由臣与南洋大臣、江苏学臣会同考校，咨送京师大学堂，以资鼓励，而符名实。

今时艰孔亟，需才正殷。诸生已有五年功课，自较各省新入学堂者所造为深，其卒业亦将在各省学生之先，此臣所以不能不汲汲上请者也。至特班诸生，尤多隽异之材，他时成就谅有可观。除俟择优咨送恭应经济特科外，所有南洋公学办理情形及选举章程，吁恳天恩，明降谕旨，与各省学生一律办理，并定为“南洋高等公学堂”。各缘由理合恭折具陈，伏乞皇太后、皇上圣鉴训示。谨奏。

本月二十九日奉朱批：“管学大臣议奏，钦此。”

南洋公学早期历史[1]

[美] 福开森

福开森（John Calvin Ferguson，1866—1945），1886 年毕业于波士顿大学，1888 年奉派至南京，创办汇文书院（Nanking University），任首任监督。南洋公学成立，受聘为首任监院。1902 年离校后历任中国铁路总公司秘书长、华洋义赈会会长、行政院顾问等职。1945 年在波士顿病逝。

1　原文写于 1931 年 5 月，后刊载于《交通大学校史资料选编》（第 1 卷 1896—1927），《交通大学校史》撰写组编，西安交通大学出版社 1986 年版，第 9—13 页。

一、办 学 目 的

何梅生（何嗣焜）先生于1896年访问天津期间，参观了北洋大学，该校董事为伍廷芳先生，校长为丁家立博士。何先生发现该校学生精通中文者没有几个。这些学生是几年前由丁家立博士在上海、福州和香港等地，从投考北洋大学的考生中，经过英语和现代学科的考试后录取的。何先生还发现，不管这些学生对其他学科掌握得多好，但是他们当中有许多人却不会写简单的汉语作文，而且对中国文学毫不熟悉。在他看来，不会写本国语言的学生就不具备学习现代学科的必要资格，因此他认为录取学生的首要条件应当是具有阅读和书写本国语的能力。何先生返回上海后，就同盛宣怀先生讨论了这件事，盛先生当时是电报局的董事长，也是轮船招商局的董事长。盛先生本人是个优秀的中国学者，他完全同意何先生的建议，即在上海创办一所学院，只招收那些经过严格中文考试合格的学生。何先生所建议开办的学校，其总的目的与北洋大学相同，只不过附加了一个限制条件，要求学生熟悉汉语。何先生认为，北洋大学是为商人的子女接受商务教育而设立的学院，其目的在于使学生经营企业时更为有效。何先生对新学院的理想是，这所学院应当培养文人的子女懂现代学科，而学生接着也就能够用规范的中国文学语言把他们的思想记录下来，因此，现代学科就会成为中国文学生活的组成部分。北洋大学所进行的现代学科的教育只像装附在中国文化表面的一层饰品，而若将这种教育传授给能够用规范的语言表达新思想的人们，则现代学科将很容易变成更为广泛的文化的真正组成部分。

盛先生深为何先生的计划所感动，并同意从轮船招商局每年拨款 5 万两银子，从电报局每年拨款 5 万美元来资助这所新学院。[1] 他们之所以把这个学院命名为南洋公学，意思是叫人们注意这个新学府的所在地同北洋大学之间的差别。起初打算把这个学校用英语称为南洋大学，但是我担任校长以后，建议用“学院”这个词来取代“大学”这个比较矫饰的词。

在从事教育工作的外国人中间进行了调查之后，我被选任为校长。盛、何二位先生提出愿意和我签订我所同意的任何年限的契约。我根本不要什么契约，而是愿意在无限期的基础上担任这项职务，但是最后我妥协了，接受了为期 4 年的契约。董事何先生和我之间，以及我和中国语言系的张经甫（张焕纶）先生之间的职责，都没有明确的分工，我们都在一起工作，每人做那需要办的事。何先生住在新闸区，每周只来学院 3 个上午，而张先生不久以后就辞职了。因此我被委托总管校舍基建工作和安排学习的课程。

1 作者记述有误，实际轮船招商局每年拨款规元 6 万两，电报局每年拨款英洋 4 万元。

为了招收一批精通本国语言的学生，本学院于1897年春季举行了一次考试，要招收30人，条件是20岁到30岁之间并愿意用一半时间学习、一半时间教授年轻学生者。这个班的成员称为师范生。录取的考生中有几个是举人，而其余的则几乎全是秀才。这30名师范生所组成的最早集体就是建立南洋公学的基础。在5月份这批学生入学后不久，又进一步举行几次入学考试，招收较年幼的学生，这些学生根据他们以前所受教育的程度逐步分为3个班级。师范生担任了这3个初级班的汉语教师，而教现代学科的老师则用一半时间教师范生，一半时间教年幼的学生。由于这些年幼的学生也是在熟悉汉语的基础上选拔的，加上他们的汉语课又是经过仔细挑选的师范生作良好指导的，因此显然，本学院每个学生，就其汉语的学习来说，名望是很高的。严格的招生制度不仅是我们的规则，而且是我们的实践，除非考生能够同其他投考者竞赛而通过入学考试，否则尽管是由有权势的人物推荐的对象，一个也不录取。没有经过预考，那些由高级官员推荐的或出生于有权势家庭的无能的学生，都被排除在本校学生队伍之外。

二、校　址

在上海附近能够找到用来开办学院的唯一场所，就是那座被称为“修道院”的旧楼房，它是曾经用来接待周末游客的郊区旅馆。它位于现在叫作海格路的徐家汇路[1]上，靠近徐家汇，正好是在虹桥路和海格路交叉路口的对面。这座楼房西南角的4间房变成我和家庭的住所。

何先生和我立即着手寻找一个永久的校址。盛先生提出，要献出在斜桥和高昌庙之间的一块土地。这块地在我看来地势太低，这样我们的楼房就总会处于潮湿状态。还有一个缺点是这个地方靠近高昌庙，而从那里飞扬过来的烟灰会给天气暖和时开着窗户的教室带来很大的麻烦。在1898年盛先生不在北京期间，何先生同意让我在我们的临时校址附近弄到一个场所。当时静安寺以西没有楼房，因此我们很容易挑选所要求的任何场所。我最后的选择就是本学院现在的地址。我得到上海道台蔡钧的帮助，以法定的官价买了那块地。为了提高地势和取得较好的排水条件，我挖了一条深沟，并用挖出来的土垫高那块地。我亲自测量土地，布置造房地点和道路。

三、校　舍

中院和上院的规划图是我画的。我还准备了计划书和交付承包

1 徐家汇路，后名海格路，今华山路。

合同。我的计划的主要目的是把这些楼房建成只能供学校使用，当时有许多校舍常常被政府改作其他用途。我还设法在符合使用良好建筑材料的条件下使房屋造价尽可能降低，不把钱花在装饰外表或建筑的外表上。这些楼房很朴实，但却很坚固。我亲自监督楼房的建造，务必使所用的材料是最好的。中院的教室可容纳 30 个学生，即每个班级的半数。在中院的一楼设有一个食堂，当不再使用食堂时，可以穿过食堂使大厅延长；在食堂的两旁有教室。该院 3 楼是作宿舍用的，但是一旦有校外宿舍时，也很容易改造成教室。在上院有几个大教室，但也有供讨论课用的小教室。在上院的后部有一个会议厅，两边有良好的照明设备。卫生设备都是上海当时可能弄到的唯一形式。起初我们用水要靠小河里的水，但是以后就得到市政府的供水。

四、学习的课程

在汉语教学中，我们废弃了八股文，而要求学生每周写作文。我们为师范生开设了历史、诗歌和作文等专门课程。就我所知，这个学院是开创本国语言和文学的现代教学体系的第一所院校。

本院对全体学生教授英语，我们的目的在于使学生一开始学习时就会正确地阅读和书写。我们并不企图推动学生努力迅速地掌握英语知识，而是比较透彻地进行教学。

教学中次要的课程是历史和经济学，为此目的，我们得到来自美国的两位青年的帮助，他们是赛茨教授和李文沃思教授。

自然科学和数学的教学是由在中国培养的教师担任的，这些课本在可能时都采用中文课本。我们认为，学生一般在 3 年内是能够很好地掌握算术和代数的。

我们派遣了 2 个学生到美国、6 个学生到日本深造。这是根据他们的学习才能和从事高级工作的热情来选拔的。

在确定学习课程时，我们的方针是不给学生从范围较广的课程中取得肤浅的知识，而是把我们自己局限在教几门课程上，使得学生能够透彻地掌握知识。

五、学生的健康状况

我们聘请了一位受过良好训练的医生，他住在上院，学生可以随时去就诊。学生由于生病缺课，要求有医生的证明条子。医生还协助我监督提供给学生的食物。日常由炊事员在市场上买的所有蔬菜和肉食都要经过检验。

为了提供体育锻炼，我安排了每周有两三次的军事操练课。引进了足球、棒球和网球等项运动，但是很难引导学生参加任何方式的锻炼，而我们采取的主要手段就是强迫操练，经过4年的努力，我们成立了一个足球队，但是第一次同圣约翰书院比赛时，我们输得很惨。这次败仗比做其他什么工作都好，刺激了学生对体育运动的新的兴趣，这种兴趣才得以延续到现在。

我们还注意到让学生有足够的睡眠。晚上10点钟全部熄灯，早晨6点半要求全体学生起床。7点钟准备吃早饭，11点半午饭，下午6点开晚饭。在这样细心的管理下，全体学生的健康状况在在校期间稳步地得到改善。

六、理 事 会

由于维持本学院的经费来自中国轮船招商局和电报局，所以我认为学院应当由一个理事会来管理，可以由这两个公司按照各自所捐献的款数比例来任命理事。这个计划得到盛先生的同意，将这个计划付诸实施的第一阶段是在我辞职前进行的。以后这个计划就被抛弃了。我仍然认为，产生一个理事会来管理学院，比现行的由一个政府部门管理的方式，其效果要令人满意得多。

我曾设想由中国轮船招商局和电报局来管理这所学院，我的目的是要在经营这两个重要的公司的过程中增设适合于学生进行业务训练的课程。为了调查用什么方式来达到这种改革，本学院的董事长盛先生允许我在1901年用半年的时间在欧洲和美洲去观察各国高等商业学院所采用的方法。我在巴黎、布鲁塞尔、安特卫普、柏林、布拉格、维也纳和慕尼黑等地的这类学院，以及在美国费城的沃顿商学院进行了参观访问。我回校后提交了一份报告，收录了我这次旅行的成果。在对我的报告采取措施之前，我被董事长从本学院调到铁路局担任秘书长职务，因此以后几年我建议的事就无从实现了。

七、翻译处

在我任职的最后几年设立了翻译处（译书院），但它是个独立的机构，与学院无关。由张菊生先生负责管理这个处。然而过了一两年之后，这个处的工作就移交给新开办的商务印书馆了。

记南洋公学特班[1]

蔡元培

蔡元培（1868—1940），浙江绍兴人，字鹤卿，号孑民。光绪进士，翰林院编修。戊戌变法失败后辞官回乡，任绍兴中西学堂监督。1901 年任南洋公学特班总教习。1904 年光复会成立，推为会长。1907 年赴德留学。1911 年回国，历任民国临时政府教育总长、北京大学校长等职，五四运动中辞职。1928 年兼任交大校长，加强理科建设，并增设中国文学系和外国文学系。

1 节录自蔡元培《记三十六年以前之南洋公学特班》，载于《交通大学四十周年纪念刊》（1936 年）。

南洋公学自光绪二十二年奏准后，即于第二年设师范院，其程度如民国元年前后之师范学校。又设外院考取学生，派师范生轮流教之，其程度如今日之小学也。第三年设中院，其程度如今日之中学。光绪三十二年，上院校舍落成，适有北洋大学学生避乱来上海者，乃设铁路班以收容之，是为高等教育之发端。故自外院而中院，而上院，即自小学而中学而高等学校，是为南洋公学正式之系统。所设之师范院，本为例外，而当时尚有一例外之班与师范相类者为特班。交通大学中，尚保存拟设南洋公学特班章程一通，其第五条有云："师范生应遵守之规约及应独得之优礼，特班从同。"足为特班与师范院相类之证也。

特班之设，为沈总理（总理即今之校长）曾植所提议，而盛督办宣怀从之。其考试，据特班同学彭清鹏君所述："招考二次，每次各取二十人。初试在南洋公学，复试在盛宅。所试皆国文，复试题为'明夏良胜中庸衍义书后'及'请建陪都议'；与试者大都不知第一题之出处，由督试员检示四库全书提要，乃勉强完卷。开学以后，陆续报到者三十八人，均寄宿校中。"其时彭君与邵闻泰、谢澄二君皆未满二十岁，亦彭君所能忆及者也。据林君同壮所记，特班生实为四十二人，林君并记有别号及籍贯等；余又与黄君任之益以所忆及之略历，依姓氏画数之多少，题名于下：（略）

特班章程第一条云，"特设一班以待成材之彦之有志西学者"，是课程重在西学；又于第四条规定："功课分为前后两期，前期为初级功课，后期为高级功课，各限三年卒业。"初级功课为英文之写诵文法章句；算学之数学、代数、几何、平三角；格致化学之手演。高级功课为格致化学之阐理，地志史学政治学，理财学，各学是其本意在以英文教授政治理财等学，养成新式从政人才，而于初级中补受数理化普遍教育也。

因特班生对于初级功课，有已习或未习者，故均在中院上课，或插班或开班，我已忘之。我所忆及者章程之第七条所规定："西课余暇当博览中西政事诸书，以为学优则仕之地"。特设教员二人以管理之；其一任监督，初聘江西赵君从蕃任之，赵君辞职后聘黄岩王君舟瑶继任；其一任指导，则由我任之。

指导之法，稍参书院方式，学生每人写札记由教员阅批，月终由教员命题考试，评次甲乙，送总理鉴定。其时学生中能读英文者甚少，群思读日文书，我乃以不习日语而强读日文书之不彻底法授之。不数日，人人能读日文，且有译书者。

特班开办于民元前十一年之春，解散于前十年之冬，自始至终不及二年，不特章程第四条之初级功课未能修毕，即第七条之自修恐亦影响甚微，其中多数特班生卒能在学术上、社会上有贡献者，全恃此后特殊力学之结果耳。惟同学聚散，不无雪泥鸿爪之感，黄任之君曾于民国十六年邀集特班同学在上海半淞园聚餐，到者不过十余人，忽忽十年，尚未有第二次之集会，适交通大学四十年纪念册征文，余以此事亦校史中特别之史实，故就所忆及者记述之，以充篇幅。

求学在南洋公学[1]

凌鸿勋

凌鸿勋（1894—1981），字竹铭，广东番禺人。1915 年毕业于上海工业专门学校（交大时名）土木科，同年赴美实习，1918 年回国任职交通部铁路司，1920 年回母校任教，1921 年到交通部，1923 年又回母校任教。1924 年 12 月任南洋大学校长至 1927 年。1948 年当选为中央研究院院士。1950 年后在台湾大学任教，主持在台复设“交通大学”。

1　原文刊载于《交通大学校史资料选编》（第 1 卷 1896—1927），《交通大学校史》撰写组编，西安交通大学出版社 1986 年版，第 301—308 页。

我在交通大学一共有过三个时期。最初是求学时期，由附中到本科共过了5整年，后来教书先后有3年多，后来担任校长也有2年多。一生中的宝贵光阴就有10年多是在上海徐家汇度过的。

我17岁那年在广州府中学毕业后，便想找工作来帮助家计。正在我找工作未成的时候，偶然在报上看到一段小新闻，说上海的工业专门学堂要在广州招收40名官费生。因为我家中实在穷得可怜，不得不多读几年书，多学些本领。17岁便要出来做事也未免幼稚一点。于是约了同班毕业同学十几人姑且去报名应试，这是宣统二年（1910年）夏天的故事。

虽然学堂希望广东省保送40名，可是报名考试的只有七十几个。因为投考资格是要中学毕业，而那时广东省的中学毕业生还不太多。我们在考场还看见有几位由香港来的学生，一同应考。考试的题目令人紧张，其中有一段中翻英内容是对英国乔治·斯蒂芬森发明铁路机车的叙述。现在的中学生也许都听过这段故事，但在70多年前对广州中学生则是闻所未闻，何况拿中文本译成英文在那时是很不容易的事。我只能糊里糊涂翻了几句。至于数学和理化，中学全是用中文本教授，而出的题目却全用英文。题目尚有点看得懂，但用英文写答卷却难了。至于中文题目，我记得是《文章根本〈六经〉说》，父亲就是一名经学教员，我少时受过几年庭训，虽然未读毕《六经》，但对这个题目，则拿起笔来洋洋洒洒有条有理地写了五六百字。出了考场，和别的同学交谈一下，都是说答得一塌糊涂。

过了约一个月，报上一段小新闻登载考取的学生姓名。录取的只有6人，我竟名列第一。大约是以中文见长，因为后来知道我那篇中文得了95分。

我自己看了这段小新闻觉得奇怪极了，本来是姑且去一试，并没有准备升学的希望，而且考得并不好，而今竟考了一个第一，不免有点心动，其他5位同学都准备要去，而且也都劝我同去，结果大家决定同去。我除了拼凑几件衣服，我父母又给我缝一床棉被外，所有购船票的几块钱还是借贷得来。

学校离上海市中心有5公里的路，却有电车可坐，于是同学6人便摸摸索索向徐家汇进发。那时已经是阴历九月初了，学校早已经开课，恰巧当时南京正开着一个前所未有的南洋劝业会，同时又开一个第一次全国运动会，交大虽然是一所著名的工程学校，可是体育在上海也是有名的。因此学校放了三四天的假，让运动员可以去南京参加比赛，而全体同学也可以去南京参观。所以我们到了学校，只静悄悄地见着几座庞然大厦，找不到几个人，而监督唐先生却住在校里，我们乃手拿公文去谒见监督。唐监督对我们负笈远来甚是欣慰，说一两天师生回来便可上课。我们看到这位慈祥可亲的监督，自然有说不出的敬仰。

学校复课了，教务长叫了我们去问话。他说我们的英文程度太差。因为学校自附中一年级起，所有数学、生物、理化等学科是完全用英文直接教授的，怕我们跟不上，现在既然保送来到，要我们插入附中四年级试读。我们自己也知道这个道理，既然来到，只可听命。因为功课的本身大都已经念过，现在拿英文来再念一遍，自然没有困难，英文也跟着进步。我记得教我们英文的是一位英国人，他说全班的英文口音以我为最好。后来我和美国人的接触远比和英国人来得多，至今仍有许多人说我的英语口音是英国的口音，想来和这位英国教师有关。

那时学校管理甚严，全体学生都是住校。如果要到上海市区，必须请假。学校有一位监学（等于现在学校的训导长）陆规亮先生，管理学生甚为认真，对于新来的附中学生不必说更特别严格。我的箱匣和抽屉必定时常给他检查。我在广州府中学的笔记成绩和所绘的地图等给他发现了，因此就对我注意起来，曾向我详细盘问过一两次。第一个学期结束，我就以一个初来而迟到甚久的附中学生列入品学兼优的名单内，由唐监督用大字的“告示”宣布出来。这名单当然多数是专科的学生，至于附中学生不过附带三两人而已。品学兼优的学生有许多好处，有奖金、奖书，下学期购买教科书（由学堂整批向国外订购的）又可以照价打个八折，这都使我这个穷苦学生得到不少的济助。

我进了学校之后，觉得同学学习很认真，水准很高，而且学校位置离城市较远，是一个修学的好环境。我初次体会到学问领域的广大，师生人才的众多，虽然要我多读一年，但让我根底打得好一点，是很值得的。唐监督是一位经学大师，所以学校中对国文也特别注重，除了普通国文功课之外，唐监督也常在星期日自己讲一堂国文课，同学可以自由听讲，他老人家还自己编了一部高等国文讲义给我们阅读，又注重读书的方法，使我们得了不少的启示。那时校中每年还有一次国文大会，是全校国文的会考，但同学可自由参加，而不是勉强的。考试成绩最好的由监督奖以金牌，次的奖以银牌或其他书籍奖品等。国文大会总是在孔子诞辰的前10日左右举行，孔诞日放榜，所有奖品就在祭孔礼仪完成后由监督一一分发。成绩好的文章更印出给同学示范，这很有使同学对中文加以用功的作用。现在一般社会谈起交通大学老一辈的学生国文总公认是较好的，自然是那时打下的基础。

唐监督把教务的事和聘请教授等事都交给教务长去办理。他自己除了注意学生的品德和国学外，还注意于学生的课外活动，这是非常难得的。例如体育、拳术、演讲、辩论、音乐等，别的官立学堂多不注意，但他都极力提倡。

南洋初时只办有铁路科、电机科和商船科，到了我附中毕业时，铁路科已改作土木科，范围较广。我恐怕电机科学不来，又对商船科不甚感兴趣，对土木科虽然没有很深的认识，可是对于铁路曾有过小小一段渊源，所以我在附中毕业之后就选了土木科。

我在南洋求学的5年中，虽然国体换了，可是校长并未换过，又未起过任何风潮。学校环境安定，学生多半清寒，唐校长安贫乐道以身作则的作风深入每一个学生的脑际，所以全校都充满敦品励学的风气。我在学校5年共10个学期，每学期都得到品学兼优的奖励。虽然我每年暑假都回广州度假，可是除了初入学时迟到外，以后未尝请过一小时的假，当时的校风可见一斑。

黉门旧事[1]

邹韬奋

邹韬奋（1895—1944），祖籍江西余江，生于福建永安，原名恩润，笔名韬奋。1912—1919 年在上海南洋公学求学，1919 年入圣约翰大学文科，1921 年毕业。后从事新闻出版工作，为著名新闻记者和出版家。1933 年参加中国民权保障同盟，1936 年作为“七君子”之一被捕，七七事变后获释。1944 年病逝后追认为中共党员。

1 本文题目系编者所加，原文节选自《二十年来经历》（1937 年），《韬奋全集》（7），上海人民出版社 1995 年版，第 131—157 页。

一、永不能忘的先生

当时我所进的是南洋公学附属小学，校长是沈叔逵先生。他是一位很精明干练的教育家，全副精神都用在这个小学里面，所以把学校办得很好。我们那一级的主任教员是沈永癯先生，他教我们国文和历史——我最感兴趣的科目。他那样讲解得清晰有条理，课本以外所供给的参考材料的丰富，都格外增加了我的研究兴趣。我尤其受他的熏陶的是他的人格的可爱。我这里所谓人格，是包括他的性格的一切。他的服饰并不华丽，但是非常整洁，和我所不喜欢的蓬头垢面的自命名士派的恰恰相反。他对于所教授的科目有着充分的准备，我对于他所教的科目有任何疑难，他都能给我以满意的解释。他教得非常认真，常常好像是生怕我们有一句一字不明了。他的认真和负责的态度，是我一生做事所得力的模范。他并没有什么呆板的信条教给我，但是他的举止言行上给我的现成的榜样，是我终身所不能忘的。我自己做事，没有别的什么特长，凡是担任了一件事，我总是要认真，要负责，否则宁愿不干。这虽然是做事的人所应该有的起码的条件，但是我却永远不能忘却永癯先生给我的模范。此外令我倾倒的是他的和蔼可亲的音容。他对于学生总是和颜悦色的，我从来没有看见他动过气；我上他的课，比上其他人的课都来得愉快。但是他之所以得到学生的敬爱，并不是因为他的姑息、随便、撒烂污，而是因为他的认真而又不致令人难堪。我当时敬爱这位先生的热度可以说是很高很高，但是并未曾对他表示过我的这样的心意。现在这位良师已去世多年了，可是我一生不能忘记他。

当时我们的一级里只有20个同学，因为人数少，彼此的个性相知很深，现在有的做医生，有的做律师，有的做工程师，有的服务于邮政局。陆鼎揆律师也是当时同级里的同学之一。在国文一课，我们俩是劲敌。每星期有一次作文，永瓛先生批卷很严，最好的文章，他在题目上加三圈，其次的加两圈，再次的加一圈，此外，仅于一篇之中比较有精彩的句子的点断处加双圈。每次文卷发下来的时候，大家都好像是急不可待地探听谁有三圈，谁有着两圈，乃至于下课后争相比较句子点断处的双圈谁多。有的同学紧紧地把文卷藏在课桌的抽屉里，压在重重的课本下，生怕有人去偷看它，那很显然地是，一个双圈都没有！当时我们那种竞赛得津津有味的神情，大家都感觉到很深切的兴趣。有了这样的竞赛，每星期都受着一次推动，大家都的确容易有进步。

二、工程师的幻想

我的父亲所以把我送进南洋公学附属小学，因为他希望我将来能做一个工程师。当时的南洋公学是国内数一数二的工程学校，由附属小学毕业可直接升中院（即附属中学），中院毕业可直接升上院（即大学）。所以一跨进了附属小学，就好像是在准备做工程师了。我在那个时候，不知道工程师究竟有多大贡献，模模糊糊的观念只是以为工程师能做铁路，在铁路上做了工程师，每月有着一千或八百元的丰富的薪俸。父亲既叫我准备做工程师，我也就冒冒失失地准备做工程师。其实讲到我的天性，实在不配做工程师。要做工程师，至少对于算学、物理一类的科目能感到浓厚的兴趣和特殊的机敏。我在这方面的缺憾……我只有趣味于看纲鉴，读史论。后来进了小学，最怕的科目便是算学。当时教算学的是吴叔厘先生，他的资格很老，做了十几年的算学教员，用的课本就是他自己编的。我看他真是熟透了，课本里的每题答数大概他都背得出来！他上课的时候，在黑板上写着一个题目，或在书上指定一个题目，大家就立刻在自己桌上所放着的那块小石板上，用石笔嗒嗒地算着。不一会儿，他老先生手上拿着一个记分数的小簿子，走过一个个的桌旁，看见你的石板上的答数是对的，他在小簿子上记一个记号；看见你的石板上的答数不对，他在小簿子上另记一个记号。我愈是着急，他跑到我的桌旁似乎也愈快！我的答数对的少而错的多，那是不消说的。如我存心撒烂污，那也可以处之泰然，但是我却是很认真，所以心理格外地难过，每遇着上算学课，简直是像上断头台！当时如有什么职业指导的先生，我这样的情形一定可供给他一种研究的材料，至少可以劝我不必准备做什么工程师了。但是当时没有人顾问到这件事情，我自己也在糊里糊涂中过日子。小学毕业的时候，我的算学考得不好，但是总平均仍算是最多，在名次上仍占着便宜。刚升到中院后，师友们都把我当作成绩优异的学生，只有我自己知道在实际上是不行的。

但是大家既把我误看作为成绩优异的学生，我为着虚荣心所推动，也就勉为其难，拼命用功，什么“代数”哪、“几何”哪，我都勉强地学习，考的成绩居然很好，大考的结果仍侥幸得到最前的名次；但是我的心里对这些课目，实在感觉不到一点兴趣。这时候我的弟弟也在同一学校里求学，我们住在一个房间里。我看他做算学问题的时候，无论怎么样难的题目，在几分钟内就很顺手地得到正确的答数；我总是想了好些时候才勉强得到，心里有着说不出的烦恼。我把这些题目勉强做好以后，便赶紧把课本搁在一边，希望和它永别，留出时间来看我自己所要看的书。这样看来，一个人在学校里表面上的成绩，以及较高的名次，都是靠不住的，唯一的要点是你对于你所学的是否心里真正觉得很喜欢，是否真有浓厚的兴趣和特殊的机敏；这只有你自己知道，旁人总是隔膜的。

我进了中院以后，仍常常在夜里跑到附属小学沈永癯先生那里去请教。他的书橱里有着全份的《新民丛报》，我几本、几本地借出来看，简直看入了迷。我始终觉得梁任公先生一生最有吸引力的文章要算是这个时代的了。他的文章的激昂慷慨，淋漓痛快，对于当前政治的深刻的评判，对于当前实际问题的敏锐的建议，在他的那支带着情感的笔端奔腾澎湃着，往往令人非终篇不能释卷。我所苦的是在夜里不得不自修校课，尤其讨厌的是做算学题目；我一面埋头苦算，一面我的心却常常要转到新借来放在桌旁的那几本《新民丛报》！夜里 10 点钟照章要熄灯睡觉，我偷点着洋蜡烛躲在帐里偷看，往往看到两三点钟，才勉强吹熄烛光睡去。睡去还做梦看见意大利三杰和罗兰夫人（这些都是梁任公在《新民丛报》里所发表的有声有色的传记）！这样准备做工程师，当然是很少希望了！

三、大声疾呼的国文课

当时我进的中学还是四年制。这中学是附属于南洋公学的（当时南洋公学虽已改称为交通部上海工业专门学校，但大家在口头上还是叫南洋公学），叫作“中院”。大学部叫作“上院”，分土木和电机两科。中院毕业的可免考直接升入上院。南洋公学既注意工科，所以它的附属中学对于理化、算学等科目特别注重。算学是我的老对头，在小学时代就已经和它短兵相接过，但是在中学里对于什么“代数”“几何”“解析几何”“高等代数”等，都还可以对付得来，因为被“向上爬”的心理推动着，硬着头皮干，在表面上看来，师友们还以为我的成绩很好，实际上我自己已深知道是“外强中干”了。

但是南洋公学有个特点，却于我很有利。这个学校虽注重工科，但因为校长是唐蔚芝先生（中院仅有主任，校长也由他兼任），积极提倡研究国文，造成风气，大家对于这个科目也很重视，同时关于英文方面，当时除圣约翰大学外，南洋公学的资格算是最老，对于英文这个科目也是很重视的。前者替我的国文写作的能力打了一点基础；后者替我的外国文的工具打了一点基础。倘若不是这样，只许我一天到晚在 XYZ 里面翻筋斗，后来要出行便很困难的了。但是这却不是由于我的自觉的选择，只是偶然的凑合。在这种地方，我们便感觉到职业指导对于青年是有着怎么样重要的意义。

自然，自己对于所喜欢的知识加以努力的研究，多少都是有进步的，但是环境的影响也很大。因为唐先生既注意学生的国文程度和学习，蹩脚的国文教员便不敢滥竽充数，对于教材和教法方面都不能不加以相当的注意。同时国文较好的同学，由比较而得到师友的重视和直接的鼓励，这种种对于研究的兴趣都是有着相当的关系的。

我们感觉最有趣味和最敬重的是中学初年级的国文教师朱叔子先生。他一口太仓的土音，上海人听来已经怪有趣，而他上国文课时的起劲，更非笔墨所能形容。他对学生讲解古文的时候，读一段，讲一段，读时是用着全副力气，提高嗓子，埋头苦喊，读到有精彩处，更是弄得头上的筋一条条的显露出来，面色涨红得像关老爷，全身都震动起来（他总是立着读），无论哪一个善打瞌睡的同学，也不得不肃然悚然！他那样用尽气力的办法，我虽自问做不到，但是他那样聚精会神，一点不肯撒烂污的认真态度，我到现在还是很佩服他。

我们每两星期有一次作文课。朱先生每次把所批改的文卷订成一厚本，带到课堂里来，从第一名批评起，一篇一篇地批评到最后，遇着同学文卷里有精彩处，他也用读古文时的同样的拼命态度，大声疾呼地朗诵起来，往往要弄得哄堂大笑。但是每次经他这一番的批评和大声疾呼，大家的确受着很大的推动；有的人也在宿舍里效仿，那时你如有机会走过我们寄宿舍门口，一定会震得你耳聋的。朱先生改文章很有本领，他改你一个字，都有道理；你的文章里只要有一句精彩的话，他都不会抹杀掉。他实在是一个极好的国文教师。

我觉得要像他那样改国文，学的人才易有进步。有些教师，尽转着他自己的念头，不顾你的思潮；为着他自己的便利计，一来就是几行一删，在你的文卷上大发挥他自己的高见。朱先生的长处就在他能设身处地替学生的立场和思想加以考虑，不是拿起笔来，随着自己的意思乱改一阵。

我那时从沈永癯先生和朱叔子先生所得到的写作的要诀是：写作的内容必须有个主张，有个见解，也许可以说是中心的意思，否则你尽管堆着许多优美的句子，都是徒然的。我每得到一个题目，不就动笔，先尽心思索，紧紧抓住这个题目的要点所在，古人说“读书得间”，这也许可以说是要“看题得间”；你只是抓住了这个“间”，便好像拿了舵，任着你的笔锋奔放、驰骋，都能够“搔到痒处”，和“隔靴搔痒”的便大大的不同。这要诀，说来似乎平常，但是当时却有不少同学不知道，拿着一个题目就瞎写一阵，写了又涂，涂了又写，钟点要到了，有的还交不出卷来，有的只是匆匆地、糊里糊涂地完卷了事。

四、英文的学习

关于英文的学习，我不能忘却在南洋公学的中院里得到的两位教师。后来虽有不少美籍的教师在这方面给我许多益处，但是这两位教师却给我以初学英文的很大的训练和诀窍，是我永远所不能忘的厚惠。在这国际交通日密、学术国际化的时代，我们要研究学问，学习一两种外国文化以作研究学问的工具，在事实上是很有必要的，所以我提出一些来谈谈，也许可以供诸君参考。

我所要说的两位英文教师，一位是在中学二年级的时候教授英文的黄添福先生。他就是拙译《一位美国人嫁与一位中国人的自述》的那本书里的男主人公。他大概是生长在美国，英文和美国人之精通英文者无异；英语的流利畅达，口音的正确，那是不消说的。他只会英语，不会中国话，做中国人不会说中国话，这就某种意义说来，似乎不免是一件憾事，但是仅就做英文教师这一点来说，却给学生以很大的优点。当然，倘若只是精通英文而不懂教授法，还是够不上做外国文的良师。黄先生的教授法却有他的长处。他教的是英文文学名著，每次指导学生在课外预备若干页，最初数量很少，例如只有两三页，随后才逐渐加多。我记得在一年以内，每小时的功课，由两三页逐渐加多到二十几页。上课的时候，全课堂的同学都须把书本关拢来，他自己也很公平地把放在自己桌上的那本书关拢起来。随后他不分次序地向每一个同学询问书里的情节，有时还加以讨论。问完了每个同学之后，就在簿子上做个记号，作为平日积分的依据。他问每个同学的时候，别的同学也不得不倾耳静听，注意前后情节的线索，否则突然问到，便不免瞠目结舌，不知所答。在上课的 50 分钟里面，同学可以说没有一刻不在紧张的空气中过去，没有一刻不在练习听的能力。

除听的能力外，看的能力也因此而有长足的进展，因为你要在课堂上关拢书本子，随时回答教师关于书内情节的问句，或参加这些情节的讨论，那你在上课前仅仅查了生字，读了一两遍是不够的，必须完全了然全课的情节，才能胸有成竹，应付裕如。换句话说，你看了你的功课，必须在关拢书本之后，对于书内的情节都能明白。

这样的训练，对于看的能力是有很大的益处。我和同学们最初却在心里有些反对，认为教师问起文学的内容好像和什么历史事实一样看待，使人费了许多功夫预备。但是经过一年之后，觉得自己的看的能力为之大增，才感觉到得益很大。

还有一位英文良师是徐守五先生。他是当时的中院主任，等于附属中学的校长；当我们到了四年级的时候，他兼我们一级的英文课。他曾经在美国研究经济学，对于英文也很下过苦功。他研究英文的最重要的诀窍是要明白英文成语的运用。这句话看来似乎平常，但在初学却是一个非常重要而受用无穷的秘诀。徐先生还有一句很直率而扼要的话，那就是你千万不要用你自己从来没有听过或读过的字句。这在中国人，写惯中文的人们，也许要觉得太拘泥，但是仔细想想，在原理上却也有可相通的。我们写“艰难”而不写作“难艰”，我们写作“努力”“奋斗”而不写作“奋力”“努斗”，不过是由于我们在不知什么时候，什么地方听过或看过这类的用法罢了。初学英语的人，在口语上或写作上往往有“捏造”的毛病，就在乎留意不要用你自己从来没有听过或读过的英语字句。在积极方面，我们阅读的时候，便须时常注意成语的用法。成语的用法不是仅仅记住成语的本身就够的，必须注意成语所在处的上下文的意思。我们在所阅读的书报里，看到一种成语出现两三次或更多的次数的时候，如真在用心注意研究，必能意会它的妙用的。我们用这样的态度阅读书报，懂得成语越多，记得成语越多，不但阅读的能力随着推进，就是写作的能力也会随着增进。

黄先生使我们听得懂、听得快，看得懂、看得快，偏重在意义方面的收获；徐先生使我们注意成语的运用，对于阅读的能力当然也有很大的裨益，尤其偏重在写作能力的收获。

我觉得这两位良师的研究法可通用于研究各种外国文。

五、及时雨的“优行生”

我读到中学一年级的第二学期，家中对我的学费已无法供给，经济上陷入了困境。在四面楚歌之中，忽然得到意外的援助！在第一学期结束的时候，有一天无意中走过宿舍里的布告板的前面，看见有一大堆人伸长脖子看着一大篇的校长的布告，上面开头便是校长对于品行重要的说教，最后一句是“本校长有厚望焉”。随后是大批“优行生”的姓名。出乎我意料的是，我自己的姓名也赫然夹在里面凑热闹！老实说，我当时对于“优行生”这个好名称却不觉得怎样，可是听老同学们说起，做了“优行生”可以得到免费的优待，这对于我当时竭泽而渔的苦况却不无小补。

说起当年这种“优行生”的资格，却也颇有趣味。最重要的是在大考时候那一篇修身科的试卷。修身科的教师是当时的国文教务长，教的是宋明的理学，油印的讲义充满着许多慎独的功夫、克欲的方法。教师上课的时候，就把这些讲义高声朗读，同时在课堂里大踱其方步。他只是朗诵着讲义，不大讲解其中的意义，朗诵以后，余下来的功夫就大骂当代的一切人物，这些人在他似乎觉得都不合于他心目中的修身的标准！骂得痛快淋漓，往往要骂得哄堂大笑。当他滔滔不绝、口若悬河的当儿，如偶有同学在课堂里打瞌睡给他看见，他就要大声发问："你昨天夜里在被窝里干什么？我看你的脸色很靠不住！"弄得哄堂大笑，那个同学往往要难为情得面红耳赤，无容身之地！到了大考的时候，他出一个多少有关理学的题目，叫大家做一篇文章，其实这篇文章的好坏，与其说是关于作者平日修身得怎样，不如说是关于作者国文程度得怎样。国文好的人就大占便宜，和修身不修身似乎没有什么直接的关系。就一般来说，国文好的同学大概都是用功朋友，在品行上不致怎么撒烂污。但是也有例外的，我就亲知道在另一级里有一位同学在考"修身"的前一夜，还请假在外打了通宵的麻将，第二天早晨匆匆到校应考，因为他的国文程度很好，考卷上仍得到一百分，他的大名仍在"优行生"之列！

大概"优行生"的推举，是在教务会议中由修身教师提出，由其他教师赞成通过的，所以仅仅修身科考卷好还不够，其他功课也要相当的好。如有什么功课过于撒烂污，教这功课的那位教师也许要说几句中伤的话，“优行生”突然间便不免要发生问题了！但是修身科在大考时的那一篇文章的优劣，确是一个很重要的因素。这样决定“优行生”的办法似乎很有疑问，可是在当时的我，得因此免除学费，却是一个很大的帮助。

我在南洋公学读到大学二年级（电机科），除了有一个学期是例外，其余的学期都很侥幸地被列在“优行生”，学费也随着被免除了。我对于修身科的教师虽有着奇异的感想，但是这一点却不得不感谢他。其中有一个学期是例外，这里面的情形也可说是例外中的例外。校长依向例贴出布告，宣布“优行生”的名单，在名单之前，也依向例有着一大篇“本校长有厚望焉”的说教，在那篇说教里特别提出我的名字，说我好得不得了，除学识是怎样、怎样的精研通达外，性情又是怎样、怎样的谦逊、韬晦，简直不是什么物质的奖励所能包容的，所以特由校长加以这样荣誉的奖励，把“优行生”的名义暂停一次。这在教师们鼓励的盛情固然可感，可是我那一学期的学费却大费了一番的筹谋！

诸君知道学校里的费用，学费不过占着其中的一小部分，此外如买书费、膳费、纸笔费、洗衣费以及无法再节省的零用费，都要另外设法。投稿生涯也是“开源”之一法，所以当时有许多写作译述，与其说要发表意见或介绍知识，不如说是要救穷。我的弟弟当时也在南洋公学求学，他的经济状况当然不会比我好，也有一部分要做“优行生”所得的免除学费的优待。我们两个人的“开源”的途径既不广，同时只得极力“节流”。从徐家汇到上海（指热闹的街市）有一二十里路，原有电车可通，我们在星期日，偶因有事出校，往往不敢乘电车，只得跑路。在暑假期内，极力找家庭教师的职务做。在那时的南洋公学是上海最著名的一个学校，招生时的考试特别严格，所以有志投考的，在暑假期内常由父兄请人在家里补习功课。我们兄弟两人很幸运地得到同学们的信任，他们遇着有亲友们要物色这种补习教师，常替我们做负责的介绍，所以这在当时也是我们这苦学生的一条出路。

六、青年“老学究”

我在南洋公学的时候，在精神上常感到麻烦的，一件是经济的窘迫，一件是勉强向着工程师的路上跑。前者的麻烦似乎还可以勉强拖过去，虽则有的时候好像到了绝境；后者的麻烦却一天天的继续下去。如果我肯随随便便地敷衍，得过且过，也许可以没有什么问题，可是我生性不做事则已，既做事又要尽力做得像样。所以我不想做工程师则已，要做工程师，决不愿做个“蹩脚”的工程师。我读到中学四年级的时候，已感觉到“解析几何”和我为难，但是我当时并不知道天地间有所谓职业指导这个东西，只常常怪自己何以那样不行！中学毕业后分科了，除土木科和电机科外，还新设有铁路管理科。原来同学里面性情不近于学工科的不止我一个人，据说铁路管理科是不必注重物理、算学的，所以有不少同学加入。照理我也可以加入这一科，不过当时加入这一科的却有许多平日不用功的同学，在一般同学看来，大有这是“藏污纳垢”的一科，存着轻视的心理！而且我对于铁路管理，自问也没有什么特殊的兴味，所以我没有一点意思要进这一科。由现在看来，前一种心理却是错误的，后一种心理也许还合乎职业指导的一个原则。无论如何，我既无意于管理什么铁路，只得在土木科和电机科两者之间选择一科。我说“只得”，因为在当时竟好像除了南洋公学，没有别的什么学校看得上眼！算学是我的对头，这是诸君所知道的。我听见有些同学谈起电机科对于算学的需要，不及土木科那样紧张，我为避免“对头”起见，便选定了电机科。到了这个时候，我对于工程师的幻想还没有消失。这种幻想之所以还未消失，并不是因为我喜欢做工程师，却是因为不知道有更改的必要和可能。我所以不喜欢做工程师，并不是不重视工程师，却是因为我自己的能力和工程师没有缘分。

但是我仍然糊里糊涂地向着工程师的路上跑。不久我对于工程师的幻想终于不得不完全消失，这件事我却不得不谢谢张贡九先生。他当时教我们的微积分和高等物理学。诸君知道微积分是算学中比较最高级的阶段，高等物理学对于算学的需求也是特别紧张的。而这位张先生对于这两科考试的题目又特别地苛刻。他到考试的时候，总喜欢从别的书上，搜求最艰深困难的题目给学生做，弄得同学们叫苦连天，尤其引起深刻反感的当然是像我这样和算学做对头的人们。最初我还再接再厉，不肯罢休，但是后来感觉到“非战之罪”，便不得不另寻途径了。可是怎么办呢？尤其是“优行生”的问题！在南洋公学还可以借口“优行生”来凑凑学费，如换一个学校，连这样一点点的凭借也没有了。这是一种最踌躇的心理。

可是问题当然还没有解决。同时有一位姓戴的同学却给我一个很大的推动。他在我们的同级里，对于工科的功课却是赋有天才的，但是他对于医学的研究具有更浓厚的兴味，便下决心于中学毕业后，考入圣约翰大学的医学（先须有理科）。他去了以后，偶然来谈谈，我才知道圣约翰的文科比较可以做我转校的参考。我此时所要打算的是经济的问题，因为到圣约翰去之后，不但没有“优行生”的奖学金，而且圣约翰大学是向来有名的贵族化的学校。这个学校的课程内容，比较合于我的需要，而贵族化的费用却是我一个很困难的问题。事有凑巧，有一位同级的同学葛英先生正在替他的一个本家物色一个家庭教师。他的那位本家是在宜兴县的蜀山镇，家里是开瓷厂的，年已六十几岁了，对于三个孙子的学业希望得非常殷切，托我的这位同学代为物色一个好老师，要请到蜀山镇去做西席老夫子的。我是否够得上做一个好教师，自己实在毫无把握，但是这位同学知道我有暂时做事集资再行求学的意思，极力怂恿我接受这个位置。当时是在将放年假的时候，他们打算请我去教半年，准备使那三个小学生能在第二年的暑假考入学校。为特别优待我起见，他们自动建议每月送我“束脩”40元，来往盘费都由东家担任。这位东家虽还拖着一根大辫子，是一个年龄已达六十几岁的老先生，但是对于我这个青年“老夫子”却表示着十二万分的敬意；他的那样谦恭诚挚的盛情厚意，实在使我受到很深的感动。我想一部分也许是由于他对于三个孙子的学业前途盼望得十分殷切，推他爱护孙子的心而爱护到所请的“老夫子”；一部分也许是由于我那位同学在他面前把我说得太好了。

我真料想不到，居然做了几个月的“老学究”！这在当时的我当然是不愿意做的。一般青年的心理也许都和我一样吧，喜欢走直线，不喜欢走曲线，要求学就一直入校求下去，不愿当中有着间断。这心理当然不能算坏；如果有走直线的可能，直线当然比曲线来得经济——至少在时间方面。但是我们所处的实际环境并不是乌托邦，有的时候要应付现实，不许你走直线，也只有走曲线。我当时因为不能继续入校，心理上的确发生了非常烦闷抑郁的情绪；去做几个月的“老学究”，确是满不高兴、无可奈何的。不过从现在想来，如有着相当的计划，鼓着勇气往前走，不要气馁，不要中途自暴自弃，走曲线并不就是失败。

世界须凭气骨撑

——抗战时期三位校长的爱国故事

朱伟强[1]

张元济（1867—1959），字筱斋，号菊生，浙江海盐人。1901年春至夏任南洋公学（交大前身）代总理（校长），1899—1903年任南洋公学译书院主事。

1 作者系上海交通大学原档案馆编研人员。

唐文治（1865—1954），字颖侯，号蔚芝，别号茹经，江苏太仓人。1907 年秋至 1920 年冬任邮传部上海高等实业学堂、南洋大学堂、交通部上海工业专门学校（皆为交大当时的校名）监督（校长）。

叶恭绰（1881—1968），字玉甫、誉虎，自号遐庵，广东番禺人。1921 年 3 月至 1922 年 5 月任交通大学校长。

“人生唯有廉节重，世界须凭气骨撑”，前校长唐文治先生撰写的这副对联生动体现了60年前在民族存亡危急之际，一批心系祖国、坚持民族气节的交通大学老校长们崇高的精神风范。“高山仰止，景行行止”，在交大101周年校庆之际，我们重温老校长们的爱国言行，对继承和发扬我校“饮水思源，爱国荣校”的优良传统无疑是大有裨益的。

一、张元济编《中华民族的人格》

日本帝国主义侵略中国后，张元济耳闻目睹国内一些上层人物苟安贪生、卖国求荣的丑恶行径，十分愤慨。他特意从《二十四史》里选录了荆轲、田横等古代豪杰杀身成仁的故事，辑成文白对照的《中华民族的人格》一书。张元济在“编书本意”中说：“这些人都生在二千多年以前，可见得我中华民族本来的人格是很高尚的。只要谨守着我们先民的榜样，保全着我们固有的精神，我中华民族不怕没有复兴的一日。”这时，因“七君子事件”而身陷囹圄的邹韬奋在狱中读到此书，写信给张元济，称这本书“实获我心，在国难危迫如今日，尤弥足珍贵”。

二、唐文治拒绝签字

抗日战争时期，唐文治以70多高龄的失明病弱之身，毅然率领无锡国专（无锡国学专修学校，今苏州大学）师生内迁到桂林，过着艰辛的生活。后因水土不服致病，辗转回到上海租界就医。在上海期间，唐文治生活极为困难。敌伪千方百计胁迫利诱他出任伪交大董事长，并要挟他签字同意。唐文治不为威逼高薪所动，置生死于度外，从容答曰："行年七八十，此字可不签矣！"拂袖不顾。词学泰斗夏承焘先生曾为此作《南乡子·倚老吟》词赞颂之，词曰："龙血战玄黄。初见江楼鬓已苍，摸索能知人几许，仓皇。别语匆匆未敢忘。　　晚节挺风霜。食粥生涯歌慷慨，惊倒胡儿三两语，光芒！合向坟头篆数行。"

三、叶恭绰保护毛公鼎

清道光二十三年（1843年），毛公鼎在陕西省岐山县出土，当时"士林瞩目，惊为至宝"。此鼎铸于公元前827年，为西周宣王姬静的叔父毛公所铸，上有铭文497字，记述了周宣王告诫和褒赏其臣子毛公的事迹，是现存的青铜器中铭文最长的鼎，为我国稀世珍宝。

1926年，叶恭绰用重金购得毛公鼎后珍藏在上海家中。其后日本和美国的一些人得悉此事，竭力想得到此鼎。1940 年，出走在香港的叶恭绰电召在昆明西南联大任教的侄儿叶公超至港，对他说："已经有美国人和日本人两次想高价收买毛公鼎，我没有答应。现在我把毛公鼎交付给你，日后不得用它变卖，不得典质，尤其不能让它出国。有朝一日，可以献给国家。"以后叶公超曾为毛公鼎事而遭日寇逮捕，被严刑拷打，但他牢记叔父的嘱托，始终没把此鼎交出来。

1941 年叶公超携毛公鼎从上海秘密到香港，这件价值连城的国宝终未落到外国人手中，至今仍收藏于台北"故宫博物院"。

致力培养英才的彭康校长

朱隆泉[1]

彭康（1901—1968），江西萍乡人，1919年赴日本留学，1924年入京都大学哲学系攻读博士学位。1927年秋回国参加“创造社”。1928年参加中国共产党。1930年成为“左联”的发起人之一，同年4月被捕入狱。1937年出狱，到延安后赴敌后开辟抗日根据地和党的文化工作。1952年任交通大学校长兼党委书记，1959年任西安交通大学校长兼党委书记。

1　作者系上海交通大学校刊编辑室原主任、编审。

从留学日本到满腔热情投身于中国革命，为祖国和人民的解放事业奋斗一生，彭康走的是中国许多革命知识分子相同的道路——从爱国主义者到马列主义者。不同的是，他是从研究马克思主义哲学到从事革命文学运动，最后成为献身于教育事业的教育家；从接受真理到投身于实践，最后殉职于理想与事业。1978 年，陕西省委在为他平反昭雪的悼词中，对他的一生做出了高度的评价："彭康是一位马克思主义教育家、哲学家，是党的好干部，为党为人民做了大量工作，为中国人民的解放事业和共产主义事业贡献了自己全部精力。"他以哲学家的睿智谱写人生，在人们的心中留下了难忘的形象。

彭康从任上海群治大学和上海艺术大学哲学教授、浦江中学校长开始，就与中国的教育事业结下了不解之缘。抗日战争和解放战争时期，他担任过华中党校副校长、华中建设大学校长。1949 年任中共山东分局宣传部部长和山东省人民政府文教委员会主任，兼任山东大学校长。1950 年主持了华东大学迁往青岛与山东大学合并的工作。1951 年 3 月 13 日，在第二十次华东大学、山东大学迁并委员会会议上宣布华岗任山东大学校长。1952 年 9 月 1 日至 1953 年 4 月 1 日，受中央重托，参加由韦悫任团长、他任副团长的中国教育考察团，赴苏联和东欧考察了 8 个月，学习社会主义国家办高等教育的经验。1952 年，他任交通大学校长兼党委书记。1959 年，主持了交大上海部分与上海船院、南洋工学院合并为上海交大的工作；同时主持了交大西安部分与西安动力学院及西北工学院、西北农学院的部分专业合并为西安交大的工作。他为培养成千上万国家干部和工程技术人才做出了自己的贡献。

彭康从1929年起，直到1968年3月28日在“文革”中受迫害而去世，从事教育工作40年。在此期间，他在“左联”和“社联”做过普罗文学的宣传和撰稿工作，领导过群众运动、武装斗争、游击战争和党的建设工作。他领导教育工作有着得天独厚的条件。1946年他担任华中建设大学校长时，就有出色成绩。《密勒氏评论》报的美国记者爱德华·罗波尔在采访后称该校是“世界上最新式的大学，它招生的速率大概也是世界上首屈一指的”。彭康校长提倡的“上课和工作交替”“学习自由”的办学方法取得了巨大的成功，为解放区培养和输送了大批干部。

彭康在长年的革命工作中、在与“左”的和右的路线斗争中锻炼成长，积累了丰富的斗争经验。他在多次反“左”、反右斗争中，学会了在困难中维护党的根本利益，培养了沉着冷静、全面思考问题的能力。他到交大后，面对创办新中国高等教育的复杂局面，经常受到“左”的思想干扰。他在与这些“左”的和右的思想较量中逐步形成了自己的教育思想体系，并努力实践之。

彭康的教育思想是扎根于他的哲学思想中的。他认为，从根本上讲，教育的目的都是教育人们学会认识世界和改造世界；教育同时又是一门综合性科学，是传授知识、技能和改变学生思想意识的活动，学校应为国家培养德、智、体、美全面发展的人才。他认为，像交大这样的大学“要为国家多培养几个钱学森”，这也一直是交大人奋斗的目标。

1952 年他到交大任职后，努力贯彻党的教育方针和政策，为建设社会主义的高等教育制度做出了不懈的努力。他在交大建立了党委领导下的校长负责制，开设了马克思主义理论课程体系，开创了学生思想政治教育制度，完善了院系和学科体系，建立了一系列教育、教学管理制度，将旧交大改造成为社会主义新交大。他出色地做好了交大迁往西安的工作，为上海交大和西安交大后来成为著名的大学奠定了基础。他是我党在高等教育领导工作中比较全面的卓越的实践者。他在领导教育工作和制订一系列的具体方针政策中，能遵循教育规律，比较实事求是，因而取得一定的成效，受到教育界的赞赏。

彭康非常重视老交大的办学经验。他深知，交大是 1896 年创办的我国最老的大学，到 1952 年已有 56 年的历史，为国家培养了许多像钱学森那样杰出的科学家、工程技术人才，是中国著名的大学。他认为，它的许多办学经验值得借鉴，比如，非常注重教师的素质和教学质量；坚持择优录取学生；严格考试考查，一丝不苟；教育学生追求真理，培养爱国、求实作风；强调理论联系实际、学以致用等。他强调要发扬老交大的优良传统，总结和继承交大的办学经验，来办好社会主义大学。他经常召集老教授们讨论如何提高教学质量，听取他们的办学意见，组织人力调查学生的质量，以作为教学改革的依据；尤其对新生质量、基础理论教学和基本技能训练、师资培养等方面，他更是注意吸取老交大有用的经验。1960 年，在他领导下，由张鸿副校长牵头的一次教学总结中，将老交大传统概括为“门槛高，基础厚，要求严”，在全国高校中影响深广。以后，他反复强调要“继承精华，去除糟粕，注入新内容”。那以后的近 40 年来，这条经验随着时代的发展而发展，现在交大形成的传统是“起点高，基础厚，要求严，重实践，求创新”。可见，彭康吸收了交大的教育经验，丰富了自己的教育思想，同时，又为老交大传统注入了新的血液。

“文革”以前的 17 年，尽管我国高等教育的成绩是主要的，但在此期间“左”的影响确实比较多，如学校政治运动不断，生产劳动太多，“左”的思想和做法对教育规律和教学秩序冲击太大。彭康坚决执行党的正确的方针政策，尽可能地缩小“左”的影响。他在工作中提出了许多正确的教育思想。如在学习苏联的过程中，他发现有些经验不符合中国国情，已经造成了师生负担过重，效果不甚好，他就及时调查，提出“学习苏联经验，还要很好地运用我国过去的教学经验，特别是老解放区的教学经验”，同时注意“发扬老交大的教学传统”。接着，他就要求教务等部门以马克思主义为指导，制订适合国情的“四年教学规划”。当“培养社会主义普通劳动者”的方针成为潮流时，高校出现了否定知识和知识分子的倾向，只强调培养普通劳动者。他不赞成培养“普通劳动者”的提法，认为这只能理解为培养学生不要脱离劳动，不能高居普通劳动者之上，而不能作为高校的培养目标。他主张培养学生“又红又专”，但当出现片面理解“教育为无产阶级政治服务”，“又红又专”发展成“政治可以冲击一切”的倾向时，他反对脱离实际的“红专”口号，认为“红就是走社会主义道路，接受党的领导，执行党的路线政策”，“我们不能要求学生都成为政治活动家；工科大学是学科学的，要培养科学家，培养无线电、原子能专家”。还说“搞四个现代化，科学文化是现代化的关键……国家要在不长的时间里赶上和超过世界先进水平，学校要采取有效措施培养有较高科学技术水平的人才”。他提醒大家不要空喊口号，政治离开业务就成了“幽灵”。

他一贯强调提高教学质量，“面向教学，面向学生”，教学工作是学校一切工作的中心工作。他尊重教学规律，在20世纪50年代的“教育革命”中，有人提出一些违反教育规律的看法，认为基础课从理论到理论，不符合毛主席在《实践论》中提出的“实践—理论—实践”的认识论规律，应该先实践后理论，按照“实践—理论—实践”的原则进行教学。彭康对此有独到的见解。他一贯认为，毛主席的《实践论》论述的是人类对世界的整个认识过程、认识规律，而大学这5年教育只是人类认识世界的长河中的一小段，所以教学计划的安排应从理论学习开始，实行“理论—实践—理论—实践……”的教学过程。他主张，教学规律、教学环节不能任意打乱，随便颠倒，而必须遵循规律，循序渐进。从而，交大在一定程度上改变了“教学也要从实践开始，用生产劳动代替课堂教学”的片面做法。

他十分注意师资队伍建设，尊重知识，关心爱护教师，有很高的政治修养和坚强的党性原则。在知识分子思想改造运动和反右运动中，他坚持实事求是，在力所能及的范围内保护了大批干部和教师，注意调动教师的积极性。他说，“教学质量高不高，关键在于教师的水平好不好”。他还说，“教师是教的，学生是学的，教师是主导的，有好的教师才能教出好的学生，古今中外都是这样”。他认为，教育事业要代代相传，要重视发挥老教师作用，青年教师与老教师结合，结成师徒关系，形成尊重老教师、爱护青年教师、互相帮助、互相促进的良好风气。“教师的主要作用是教书育人”，学生是主体，教师是主导，教学相长，教师必须对学生全面负责。他希望教师严格要求自己，为国家“多培养几个钱学森”。

他十分重视体育工作，认为要培养有社会主义觉悟的、有文化的劳动者，体育是重要的一环。他要求体育工作普及与提高相结合，要加强运动员的思想教育，关心、帮助他们学好功课，要给学生运动员增加营养和活动经费。学校凡有大型的体育活动，他都要亲临讲话，予以鼓励。

彭康很早就提出了教学改革的问题。他多次指出，把学生管得太死，学生学得太死，会把许多优秀人才培养成为无所作为的庸才。他认为，我们的教学方法、教学制度、学习方法还存在不少问题，多数学生学得被动，这种状态，应予改革。他联系自己早年在日本留学的经历以及考察一些国家高等教育的感受说，外国学生确有许多不好好念书、混不过去的，但只要认真学习，很少有跟不上的；有的学生还能同时在两个学校拿到学位。他们学的东西不一定比我们多，但他们自由支配时间比我们多，比我们学得活。我们的学生政治觉悟高，学习努力，应当比他们学得好。要承认学生的差别，要创造条件使多数学生都能主动地学习，让拔尖学生学得更好。他建议教务部门研究试行两种改革：一是同一门公共课或基础课，教师挂牌，学生可以自由选择教师上课；二是创造一种学分制和学年制相结合的制度，使学生在学习中有一定的选择余地。当时，教务部门顾虑较多，不敢接受他的第一种设想，只在因材施教、拔尖培养方面开展了试点，受到师生欢迎。当时的上海高教党委认为，交大在青老教师结合、因材施教等方面起了模范作用，是与彭康分不开的。后来他在西安交大共青团第十次代表大会上提出："团结全校青年，努力做到思想活跃、学习活跃、生活活跃，树立认真读书、刻苦钻研的学风和发扬独立思考、追求真理的精神。"这就是后来在师生中广为流传的彭康校长的"三活跃"思想。

彭康关注对高等教育规律的研究，对培养目标、专业设置、师生关系、教材建设、教学方法、课堂教学、实验室建设等基本环节，都有一系列的论述，并具体指导，检查落实，抓得很紧。特别是交大西迁以后，面临着教育大发展和支援大西北建设的艰巨任务，原有的系、专业有了发展，并且增建了不少新系、新专业，以适应新兴学科的发展。他关心并主持师资队伍的建设，一方面发挥现有教师的作用，一方面有计划地选留和吸收优秀毕业生到教师队伍里来，并予严格要求、精心培养，终于逐步建立起一支又红又专的师资队伍。

彭康在西安交大第三届党代会（1962 年 7 月 23 日）的工作报告中，总结了学校工作的基本经验，提出办学"要有全面观点，不要盲目地求大求全；新办专业应本着先筹建后招生，一般从一年级办起的原则，力求保证与提高培养人才的质量"。他指出，正确全面地贯彻党的教育方针，"安排全民政治任务，要从学校的特点出发，要保证学校的教学计划，不要影响教学任务的完成；其次，要正确处理好学校内部教学与生产劳动、科学研究的关系""学校必须坚持以教学为主，使教师、学生以主要精力和时间教好学好。在这个前提下，对生产劳动、科学研究应采取积极态度，妥善安排。要善于集中师生员工的智慧和力量。在教学方面，应更多尊重教师，特别是老教师的意见。在学习方面，要多听学生的意见。集中大家的智慧把教学工作搞好。”他还就“认真按照规律办学”“必须正确处理党与知识分子的关系”“应该切实加强党的思想政治工作”“注意改进党的领导作风和领导方法”等方面，结合过去的教训，中肯地总结了经验。

在历次政治运动中，彭康非常注意保护干部。交大有位领导干部，认为自己有家庭出身问题，因而背上了思想包袱，经常闷闷不乐。彭康劝他放下思想包袱，好好工作。后来他随交大西迁，担任了西安交大党委副书记、西北工业大学党委书记。交大另有一位马列主义教研室主任，因 1956 年写过一本小册子《反对个人迷信》，从 1964 年“四清”到“文化大革命”一直受到批判，说他“反对毛泽东思想”，他想不通，向彭康一吐为快。彭康说这不是一个可以讨论的学术问题，是个政治问题，要他正确吸取教训，并说：“你认为他们只是为了整你吗？”使他恍然大悟。“文革”后，这位干部被平反，担任西安交大党委副书记、南京大学党委书记。像这样的事，有不少在干部中流传着。

许多与彭康长期共事的领导干部感到，彭康对一些错误的东西，执行是不积极的，有的是抵制的。而每当中央纠正“左”的错误或偏差的时候，他总是态度明朗，迅速果断，力求彻底消除它的影响及由此带来的消极后果。每逢这时，总能看到他精神振奋，心情舒畅，总是亲自下基层调查，总结经验教训，亲自作报告，亲自检查，督促落实。遇到疑难问题，他则亲自过问处理。他的这些表现在当时被有的同志看成是右的表现。这当然会传到彭康的耳里，对他形成心理压力。但彭康的高贵品德就在于他勇于坚持真理，勇于承担风险，这是非常难能可贵的。

彭康作风民主，平易近人，经常深入基层。平时他着重抓学校的重大决策，具体工作放手让各部门去抓，然后他去各部门督促检查。他不喜欢坐在办公室里等工作送上门，不喜欢在白天开会，特别是开马拉松式会议（研究西迁是例外，也只是晚上经常在他家里开会）。他不喜欢只是关门听汇报，不喜欢自己的报告叫秘书代劳。他经常要到校园走走，到学生宿舍、食堂、实验室看看，与师生员工聊聊。他对各部门干部的精神状态和工作情况做到心中有数。他发现校园里有乱堆乱放的东西，就叫主管部门的领导到现场处理。彭康的这些工作作风给学校干部带来了非常好的影响，大家都勤奋工作，不敢弄虚作假。大家对彭康校长深怀敬意，又感到他有几分威严。

交大人都喜欢听彭康校长的报告。他的报告说理明白，语言流畅，平易近人，解惑释疑，富有启发。更令大家佩服的是，几个小时的报告，他不用一张稿纸，将录音整理出来就是一篇好文章。

1955 年，国务院决定交大西迁西安，彭康坚决执行。他亲自带队到西安踏勘校址。同时面对师生员工的许多思想问题和实际问题，不惜花费大量的时间和精力，做了深入细致的说服动员工作，最后自己带头举家西迁。他对于西迁过程中的许多工作都深思熟虑，安排妥当。除了所有搬迁工作外，还从上海动员了一批理发师、修鞋师傅配套西迁，在西安交大教工村形成了一个“上海新村”，使师生员工在西安能过上上海式的生活。

西安交大为了纪念迁校 45 周年，出版了《西迁回忆录》，叙述了许多感人的事，其中不少是有关彭康校长的。如他要求后勤部门细致地做好搬迁工作，后勤部门做得十分出色。陈楷、王景容教授夫妇写道：在搬迁前十几天里，总务处就派人到各家各户，将所有的家具都用麻袋、草绳仔细地捆扎好，甚至把煤球炉都捆得好好的，使我们到了西安后，就能生火做饭。坐在西迁的列车上，我们还担心家具行李是否运到，到哪里领取；一到西安车站，学校就派车将我们接到一村，让我们先回自己的宿舍休息。到宿舍一看，都惊喜绝了，一切家具都已安排妥当，房间也打扫得干干净净，只要打开铺盖行李，即可舒舒服服地休息了。再看其他物品，连筷子、碗勺，都原封不动地放在原先的包裹里，这使我们非常感动。

彭康对师生的伙食经常挂在心上。当时还是助教的陈人亨写道：彭康校长举家西迁后，经常在教工食堂用餐，我们这些小助教是不敢去和他乱说乱讲的。食堂专门给他在餐厅用小屏风围了一角，让他一个人安静地抽烟和用餐。一位高级领导干部，每餐也只是两菜一汤一碗米饭，他多数时间在抽烟。有时，他还要看看我们的饭菜，问问情况，查查食堂的服务质量。只要他一有表示，食堂工作必有改善。三年经济困难时期，他仍然常到我们单身食堂门口站着看看，这一站，就会使我们至少在一个星期内饭菜可口。所以只要谁发现彭校长来看过我们排队、吃饭，就会在单身宿舍作为“重要新闻”传播，期待着我们当时十分艰苦的生活得到改善。

彭康的爱好是广泛的。除了爱思考外，还喜欢读世界文学名著，尤其是苏联和俄罗斯的文学作品，他喜欢托尔斯泰和普希金的作品，喜欢观赏世界名画和美术展览，观看马戏和杂技，曾在1956年底冒着大雪去看苏联电影《上尉的女儿》，还爱抽烟、下围棋、跳舞。这些活动使他更容易同师生打成一片。葛元璋教授回忆：交大刚刚迁到西安时，教工大多数住一、二村。每逢佳节倍思亲，为减轻思亲之苦，每年春节，他总要督促有关部门，举办各种贺岁活动，气氛十分活跃。大年夜，食堂也免费加餐，单身的教工三三五五，围坐一桌，喝酒行令，谈天说地，欢歌笑语，情深意切。至晚上9点，迎春晚会开始，此时的食堂大厅早已窗明几净，布置一新。晚会上主要有大家都能跳的交谊舞。乐声起处，几十对男女，和着华尔兹、探戈、波尔卡，乐曲悠扬，舞步轻快。10时许，彭康校长从学生区返回，来到教工会场，与师生同乐，晚会进入高潮。他谦和地频频点头、示意，向大家贺年，随即便踏着舞步，没入了流转的舞池。彭康的身影遍及交大校园，他的音容笑貌也留在人们心间。

交大部分西迁后，1959年7月31日，国务院批准交大西安部分和上海部分分别成立西安交通大学和上海交通大学。今天这两所大学都已是中国著名的大学。交大人都认为，这里渗透了彭康校长的大量心血，他功绩卓著。西安交大在校园里立了彭康校长的铜像，碑文上铭记着他的简历，评价他是“现代著名哲学家、教育家”，“忠诚人民教育事业，谦逊求实，尊师爱生，博育英才”，做出了“卓越贡献”。交大人永远怀念他。

名师轶事

傅浙生[1]

裘维裕先生

裘维裕 新生差不多是平生第一次到阶梯教室听课，故而提前进入。静静地候至正点，不见裘先生来。突然活动黑板上升，板后门开，裘先生出现了。闪闪银发，结合金丝眼镜，令人肃然起敬。讲物理课时，全用英语，课后习题颇费人思索。

胡敦复 微积分权威，戴墨镜上课，黑板字整齐清晰，讲课推理性强。头发长而一直不理，原来过年时请理发员到家来，理发工具全部消毒后使用。

---

1 作者系交通大学 1940 届校友。

胡敦复先生

马就云先生

马就云 治学严谨，教直流电机。讲稿精心制作，用小卡片，每堂课，写黑板数面，笔记量相当重，但内容一清二楚。

陈石英 以讲热力工程著称，体形硕大，穿着长衫。每堂课准时到场，手执粉笔一支，别无他物。板书由黑板左上角写起，到下课铃响，正好一支粉笔写完，一面黑板用完，真可谓胸有成竹。

钟兆琳 交流电路和交流电机课，娴熟无比，是美国电机学权威 Karapetoff 教授的得意门生。上下课不那么准时，讲课有时离题千

陈石英先生

钟兆琳先生

里，因此，常使用课间休息时间上课，甚至另行加课。上衣口袋常塞满书报，有一次掉出一本小册子，却是酱油酿选之书。在家常与儿子下棋为乐。

青年陆定一在交大

章玲苓[1]

陆定一（1906—1996），1926 年毕业于交通大学电机科。1927 年起担任共青团中央宣传部部长、共青团驻少共国际代表。长征时，在红军第一方面军“红章”纵队政治宣传部工作，后任红军总政治部宣传部部长。中华人民共和国成立后，历任中共中央宣传部部长、国务院副总理、中央书记处书记、文化部部长、全国政协副主席。

1 作者系上海交通大学档案文博管理中心年鉴室主任、副研究馆员。

1925年，中共党团支部在南洋大学（今交通大学前身）成立，8名成员中，有正在求学的青年学子陆定一。

陆定一，这位日后长期主管中国共产党和人民共和国意识形态、文化教育工作的革命家，出生于江苏无锡的名门望族。其先人在清代当过兵部尚书，其父是著名的律师，清末民初时曾任首都检察厅厅长。

膏粱子弟陆定一是如何走上革命道路的？翻开上海交通大学厚重的档案，追溯历史，志士成长的足迹清晰可见。

一、翩翩少年，胸怀大志

陆定一幼时聪颖过人，小学毕业时，已博览群书，能写一手好文章。1918年夏，因仰慕上海工业专门学校（交大当时的校名）校长、国文大师唐文治以及学校深厚的国文底蕴，年仅12岁的陆定一遂报考这所当时堪称“东南表率”的学府的附中，并一试中的。

在班级中，陆定一年龄最小。他勤奋好学，刻苦钻研，对算术犹多心得。中学毕业纪念册中，还留有他写的《作算一得》一文。

陆定一酷爱武术，入校后不久即加入学校的武术队。除参加学校的训练和比赛外，还经常应邀表演于沪上和外埠，潭腿、春秋大刀、子母枪等节目，屡得赞许。尤其是与人合作的“三英战吕布”

最具特色，令观看者心驰神往。“五四”罢课后，陆定一随武术队每天清晨向国旗行礼毕，即到操场练习，熊熊爱国烈火化为重重刀光剑影。

中学时代的陆定一为人谦和，不与人较，因此深得同学喜爱。虽然家中经济条件优越，却不喜衣饰，唯好旅游，足迹遍及东南各省，常对同窗好友说：“吾不能踏遍名山大川是为恨耳。”他喜欢读古侠士小传，至精彩处，会不禁击节称快。中学毕业之际，同学引用了《鲁论》中的“士志于道而耻恶衣恶食者未足与谋也”一话评价陆定一，并断言“将来造就正未可量试，拭目以观之”。

1922 年，完成了中学学业的陆定一顺利地升入南洋大学电机工程科。

二、在“五卅”运动洪流中

20 世纪 20 年代初的中国，正“遍地腥云，满街狼犬”。帝国主义列强步步进逼，封建军阀连年混战，国内经济衰败，民不聊生。

1921 年，中国共产党诞生。1924 年 1 月，国共合作实现。正苦苦探索中国出路的青年学生们看到了希望的曙光。不久，南洋大学出现了国民党的组织，共产党员以国民党员的身份出现，在上级党组织的领导下，他们多次邀请恽代英、施存统、郭沫若等人来校演讲，介绍党的纲领和主张，批判各种反动谬论和形形色色的改良主义思潮。这些马克思主义理论宣传工作的开展，迅速提高了广大青年的革命觉悟。

进步人士的引导，激发起陆定一探寻真理的热情。作为《南洋周刊》言论编辑的他，和其他同学一起把以前只刊登学术文章和学校动态消息的校刊《南洋周刊》改变成政治性的刊物，宣传国民革命，鞭挞反动思潮。在《为“五四”“五九”纪念告同学》一文中，陆定一大声疾呼：“我们现在要造成良好人格，有学问而且康强的自己，我们不愿再有‘五九’，我们要雪去‘五九’以及类似‘五九’的很多的耻辱污点；我们要预备再有一个更加彻底的‘五四’，把世界一切不平等的东西都铲除了，引导世界到自由、平等、光明、净洁之地！”

1925 年 5 月 30 日，为抗议上海内外棉纱厂工人顾正红被杀，南洋大学及附中 400 多名同学，分为 17 个演讲队，从徐家汇步行到公共租界。下午 3 点钟左右，陆定一所在的演讲队来到南京路北面的天津路、浙江路口，在“打倒帝国主义”“废除不平等条约”的口号声中，面对持枪的英、印巡捕，陆定一勇敢地站在凳子上，慷慨陈词，揭露帝国主义的暴行。突然南面传来一阵枪声，游行队伍遭到了英帝国主义巡捕的枪击，陆定一等同学飞奔而去，令他们触目惊心的是十几个学生、工人已躺在血泊之中。其中就有陆定一的同学、南洋大学附中学生陈虞钦。在中国的土地上，帝国主义者竟如此横行霸道，陆定一内心无比愤慨。

“五卅”惨案发生后，上海学联紧急召开各校学生会代表会，讨论通过上海学联的组织章程，选举出上海学联执行委员会，南洋大学学生会代表被推选为主任委员。作为南洋大学学生会的代表，陆定一和另一位同学就住进了学联在南市租的一办事处内，处理日常事务，并刊发学联的小报《血潮日刊》，报道“五卅”惨案的真相和英、日帝国主义的残暴。编辑工作是很艰苦的，报纸天天要出，加之设施非常简陋，他们经常废寝忘食地工作，但谁也不叫一声苦。

三、加入共产党，走上革命道路

新学期开始了，陆定一回到了学校，书斋里的他此时心情并不平静。大学头几年，陆定一怀揣着“实业救国”的信念，发愤读书，认为自己的祖国只要发展实业，富强起来，列强就不敢欺侮。然而“五卅”惨案的发生，彻底粉碎了他的实业救国梦，从斗争中，从烈士的血泊中，陆定一清醒地认识到，只有推翻帝国主义、封建军阀的反动统治，中国才有希望。救国救民的责任感，使他选择了革命的道路。不久，陆定一加入了新生的中国共产党，成为一名光荣的共产党员。

1925年底，包括陆定一在内，学校已有党团员8人。在中共江浙区委的指导下，学校第一届共产党和共产主义青年团支部正式成立，张永和任党支部书记，陆定一任团支部书记。

国共合作革命统一战线建立后，革命形势迅速发展，共产党员、共青团员以及国民党左派都受到很大鼓舞。但国民党右派势力气焰却日益嚣张，反共、分裂国共合作的思潮也侵入了校园。

在中共江浙区委和上海法租界区部委的领导下，陆定一等负责人动员全体党团员，团结一大批国民党左派，发动广大进步学生迎接这场挑战。他们秘密组织了校内的马列主义读书会，请共产党人来校辅导学习马列著作，并邀请当时的国民党左派、社会活动积极分子、学术界著名人士到校做各种讲演。

陆定一借《南洋周刊》这一阵地，相继写了《敬告一切热烈的青年》《纪念孙中山先生》等文章，有力地驳斥了右派的言论，热情地赞扬了孙中山先生的伟大精神和革命业绩，充分肯定了国共合作的三大政策“给中国之国民革命打下了铁的基础”“使中国的国民革命就飞腾起来，扶摇直上”，并严正指出，“孙先生死后，反动分子戴着你的帽子，糟蹋你的主义，反对你生前所定的主张”，戳穿了那些打着孙先生旗帜，反对孙先生主张，诬陷共产党搞分裂的阴谋。

1926年3月18日，北京发生了军阀段祺瑞枪杀示威游行学生的“三一八”事件。消息传至上海，各校学生纷纷起来声援。此时，陆定一正患“白喉”，他抱病去做了一些发动工作后，因身体实在支撑不住，只得抱憾住进了隔离室。暮春时节，窗外丝丝弱柳随风飘拂，耳边啾啾鸟鸣不断传入，躺在病床上的陆定一思绪难平，一首《春光》激昂而出：

呵！春之光！醉人的春光哟！
融融地浸透了我的心怀。
在草场上我想眠。
鸟鸣啾啾，红柳绿柳。
绯色的樱花，
被微风吹得，瓣儿片片空中浮。
几多牵挂几多愁？
小河水，潺潺流，
百年后，适者流！
何必争逐逐，蜗角与蝇头。

毕业的日子临近了，他想起父亲的话，“你毕业后到美国留学吧，公费考不上就自费”，陆定一面露一丝憾意，因为此时的他已经作出了坚定的抉择，那就是既不出国留学，也不当一名工程师，而是做一个生活艰苦而又不安定，还有杀头危险的革命者。

1926年夏天，大学毕业的陆定一离开了学校，以渊博之学识，强健之体魄，踌躇满志地前往共青团上海法南区委担任书记，从此义无反顾地开始了他职业革命家的生涯。

在“中国 MIT”学习与教书生涯

张　煦

张煦（1913—2015），江苏无锡人，1934 年毕业于交通大学电机工程学院，后获哈佛大学硕士、麻省理工学院博士学位，1940 年回国执教母校交大。1980 年当选为中国科学院学部委员（院士）。2003 年获“全国光纤通信与集成光学杰出贡献奖”，著名的通信工程学家。

20世纪30年代，我在素称“中国MIT”的交通大学读书时的情景，今天仍历历在目，还记得张廷金等老师教课的情景。20世纪40年代回到重庆交大教书，九龙坡的母校生活又浮现脑海。

一、20世纪30年代在上海交大读书情景的回忆

1927年至1934年我在上海交大读书，包括预科3年和本科4年。实际上预科（相当于高中）时学校有许多优秀的教师、教授亲自任教。我们在“中院”的教室上课，住宿则在后面的“新中院”。我们6个同学住一个房间，新中院楼上楼下全部是宿舍，很热闹。我记得每一年级的任课老师很多是从各地著名高中，例如扬州中学，调来的有丰富经验的老师，教课认真，一丝不苟。我们学生怀着尊敬的心情用功上课，晚上都到图书馆的阅览室认真复习。因当时学生人数不是很多，图书馆容纳得满满的，大家专心学习，秩序良好，一到晚上9时半，大家回宿舍。图书馆离新中院很近，同学们高高兴兴地自觉学习，学习非常好。记得当时同学传诵的格言：“向余年稚，今已壮矣。毋自信聪明，怨无知遇，毋徒知收获，不问耕耘。”

1930年秋季开始，我们进入本科学习阶段。宿舍先是在南宿舍，也在上院最高一层，很多同学住一个大房间。上课主要在上院，也有一些在中院。一年级在中院上化学课，在上院上物理和数学课。

物理教授是裘维裕先生，化学教授是徐名材先生，数学教授是胡敦复先生。在中院和上院分别有个化学实验室和物理实验室。由助教来上实验课，他们都不错，大约比我大十来岁，也是交大毕业的。当时上课非常严肃、认真，如在上院阶梯教室上物理课，同学们早早地在固定位置上坐好，绝不可能迟到。8 点整，讲台后的门一开，裘教授走出来，非常庄严。门后面是教员休息室、实验室等。二年级，杜光祖教授上应用力学课。三年级，电机系的钟兆琳、马就云教授以及机械系的陈石英教授给我们上课。1933 年建成工程馆，楼下有两个大实验室，右边是陈石英的力学实验室，左边是钟兆琳、马就云的电机实验室。这极大地鼓舞了学生们的学习士气。钟兆琳、马就云老师的优点是动手能力强，亲自指导学生做实验。学生们 3 人一个小组，装机器。马就云老师远远地看着，有一次见到我使用机器扳手方向弄反了，立即上前来纠错。钟兆琳老师与华生电气公司有联系，很多设备请他们捐赠的，由此增强实验室的力量。

那时中文课是由国学大师唐文治老校长的得意门生陈柱尊教授执教，英文课则由唐老校长的长子唐庆诒教授主讲，都是一流水平。

四年级时我们电机工程系电信组的 30 多名学生，就在工程馆后面的小红楼里上课和实验，环境安静。同学们相互友好团结，教师们热情指导，给同学们极好印象。记得那时的主要教授是张廷金（贡九）先生，他是小红楼的主人，负责管理所有上课、实验以及毕业分配等重要事情。特别对于毕业生分配，张先生一手掌握着重要的要人单位、排列次序，另一手则掌握着毕业同学的学习成绩和工作能力，把最合适的毕业生介绍到各单位就业，那时我毕业分配至中央研究院物理研究所，正是由张先生亲自考虑决定的，我感谢他处事公正和合理。

记得在1934年那一时期，张贡九先生已是国内无线电的先驱者，而在那时期无线电在国际上兴旺发达。那时全世界的“业余无线电”迎合广大人民的爱好，张先生也充分认识到了这一点。这是张先生的功劳，在这样的时机带动中国学生向无线电进军，加入国际行列。

四年级是毕业班，我们除了听老师讲课外，每位同学要各自写一篇专题报告，在教师指导下轮流向班上同学宣读。这种形式在英文就是seminar，也是为了培养写学位论文的训练，不过这种专题报告较简单而已。并且，经老师联系，到上海市电报局、电话局进行实习。

在我们四年级学习时，享有盛名的世界无线电发明家马可尼（Marconi）来到上海交大访问。我们电信组同学高兴地列队欢迎。学校准备了一根象征无线电天线的铜柱，请发明家到工程馆广场主持植立铜柱的典礼。我们电信组同学全体参与了这次有纪念性的盛典。

交大学生读书非常用功，勤勤恳恳，规规矩矩，但创新概念比较少。所以，不仅要鼓励学生学习为人好，也要提倡动手能力、创新能力。钱学森与我是同班的，记得总理纪念周上，他作为军乐队的成员，在老文治堂后台吹喇叭。在学习方面，老图书馆发挥了很大的作用。晚自习时，同学们都到图书馆阅览室去复习温课。

1933 年至 1934 年，学校在新盖的房屋建筑中拿出一幢专门供高年级学生住宿的“新宿舍”，又名“执信西斋”。我们就从旧的“西宿舍”搬进这新房子，仍是二人一间，生活很舒适。现在时隔 70 年了，这幢宿舍曾经修缮一新，但不再供学生居住。我每天到学校上班，经过这幢房子总是有点感慨。

我在交大学习时，虽然不是运动员，但也和同班同学一起积极从事体育活动。有一年，我们早晨都早早起床，一同到体育馆打篮球，然后吃早餐。后来觉得，这样每天空腹进行剧烈运动，对于身体成长不是很有利。我们也常常打乒乓球，宿舍里就有乒乓球桌。看见空桌就约同学一起打球，比较灵活。我自己虽然没有踢足球，但常常和其他同学一同观看。学校足球比赛，那时足球场看台坐满同学，我参加啦啦队，为校队加油、鼓劲。我们高唱啦啦歌，歌词到现在我还记得：“南洋，南洋，诸同学神采飞扬，把足球歌唱一曲，声音响。我校的 11 个足球上将，都学问好、道德高、身体强。身上穿了蓝与黄，两色衣裳，雄赳赳，气昂昂，排列球场上。一开足，个个像活虎生龙，真不愧蜚声鸿誉冠中邦。啦啦啦，啦啦啦，

啦啦啦，啦啦啦，啦啦啦，啦啦啦，南洋，南洋，南洋，南洋。啦啦啦，啦啦啦，南洋，南洋。”

我们在学校勤奋学习，也关心政治。记得“九一八”那时，我们同学有组织地结队上街游行，挥动小旗，宣传抗日战争的意义。我自己参加的小分队曾到吴淞向当地市民宣传和讲解。我们全体同学有一次全体步行至枫林桥上海市政府向市长请愿，一个晚上没有睡觉，直等到市长出来当众解释、答应同学要求后才返校上课。另有一次，全体同学步行至真如火车站，搭上火车开往南京请愿，火车里同学就睡在硬席座位地板上，过着集体生活，但精神饱满，秩序良好。

平时在学校里，除正规上课学习外，我们同学又开展各种有意义的课余活动。例如全校同学曾有演讲比赛，我自己参加了全校学生英语演讲竞赛，获得第二名银质奖牌。

二、20世纪40年代在重庆交大教书情景的回忆

1940年9月我自美学成回国，经过香港乘飞机到祖国重庆，向交通部报到。先是被派往壁山的交通技术人员训练所教书。那时，各大学电信系毕业的学生，如分配到交通部供职，必须先到这训练所的高级班培训半年。这高级班就是吸收大学毕业生10余人的“学

士后班”。我担任班主任，并讲授长途电话和无线电两门课，分别在上、下午上课。那时我自编讲义，每晚在油灯下自己刻写蜡纸油印。同学们学习认真，待我很友好，学习气氛浓厚，效果较好。同学中有林为干、楼彦厘、徐指等几位后来几十年一直和我保持联系。

1942 年初，我到小龙坎访问无线电器材厂。那里有几位交大 20 世纪 30 年代毕业的校友，大家商量在重庆开办交通大学电信系，先由厂方借给几间房间作为教室和办公室。后来，重庆的校友更多人关心恢复交大更多的系。特别是铁路局较多校友很热心，他们在九龙坡有工厂，经费充裕，因而建议在九龙坡地区建设大学，立即开工建造，造几幢校舍，有教室，也有宿舍，很快形成重庆“交通大学”，准备几个系同时招生。当时由吴保丰校友担任校长，陈湖校友担任总务长，李熙谋校友担任教务长，钟伟成校友筹备管理学院，学校粗具规模。九龙坡地区离重庆市区很远，但有长途汽车来往方便，而且宽敞的宿舍吸引来工作的教师带家属同来居住。凡是学校的教师包括兼课教师都分到一套房子（两室一厅）。张思侯校友和我都参与电信系教书，他夫妇一家和我夫妇一家都住进九龙坡校区内的教工眷属宿舍，很宽敞。

当时我本人因在交通部电政司供职，只能定期到九龙坡交大电信系兼课。我为三年级同学开出“电话传输”课。那时班上有男女同学，程度还不差，学习很认真，我心里感到愉快。1944 年，我得到交通部电信总局领导的支持，准备由几个单位出资，在九龙坡交大筹备电信研究所，招收大学毕业生作为研究生培养高级人才，为国家通信和广播事业提高水平效劳。为此我曾花不少时间精心策划，草拟招生办法，拟尽快把研究所建起来。但因学校有一位领导不同意，计划未能见效，深为遗憾。抗战胜利前夕，我退出了重庆九龙坡交大。后来我又参加上海重建的交通大学，在电信管理系担任教课，接着在电机工程系电信组担任讲课。所以说，我和母校交大的关系几乎是连续不断的。

我与交通大学的因缘际会

胡声求

胡声求，1939 年毕业于交通大学航空工程系，后获麻省理工学院航空工程博士学位。著名航空工程专家、飞机设计师，在“中国飞机制造厂”中担任总经理兼总工程师，参与制定了美国阿波罗登月计划及农神火箭的研发工作。

一、梦 想 成 真

那时，我 9 岁，是 1927 年某天的破晓，屋里仍一片昏暗，我被“滴答、滴答、滴答”的声音吵醒。爬下床来。奇怪，看见家里的人，全都穿好衣服，又好像昨夜没有睡。几个邻居也在。一个个愁眉苦脸，神色不安，空气里充满恐怖。爸在天井里没目标地走来走去踱方步，妈在说：“好像近点了……啊……好像声音远点了……”渐渐，我开始了解，那“滴答、滴答”是机关枪与步枪的声音，是北伐革命军攻打孙传芳在扬州联军驻兵的枪声。

我正在默默地数着渐渐稀少的枪声，忽然一片喧闹，满街人潮。大家说：“好了，好了，革命军的空军，有如天兵天将到来。联军兵败如山倒，全退了。”

好一个“有如天兵天将”的空军，我记得，只是一架单座、双翼的帆布小飞机，在遥远的天空，嗡嗡作响，掠空而过，总共不超过几分钟。飞行员丢出了一颗几磅重的炸弹，在扬州城外大运河旁的旷地上，轰然一声，炸出了一个井口大小的小窟窿。这个象征天兵天将的一架小飞机，一颗小炸弹，和一个轰然一声，居然大败联军。继而立刻看到了满城海浪般的北伐军军旗，和万人空巷、锣鼓喧天、欢呼热闹的场面。满城鞭炮，万家灯彩，北伐革命军空前的大胜利。

但是，这架小飞机留给了我“海天飞翔、万里云霄”永不磨灭的爱慕和幻想。这一个幻想，在12年后，1939年幻化成我在上海交通大学航空系的进修。再过5年，1944年，幻化成我在美国旧金山创办的中国飞机制造厂。又过19年，1963年，更幻化成我在美国亨次维尔火箭城，组织的全美太空科学学会月球火箭专区行动委员会，也幻化成我主导的阿波罗登陆月球电子导航研发中心。

值兹母校百周年校庆，联想起我和上海交通大学航空系的前前后后，几十年的因缘际遇片段回忆，真是感慨万千。

二、交通大学航空系

1935年夏天，我从江苏省立扬州中学毕业，一口气考取了全国最知名的几所大学：交通大学、清华大学、浙江大学、中央大学、武汉大学，并获得了上海“天厨”10个名额之一的大学全费奖学金。我选入上海交通大学，因为上海靠近家乡扬州，而且交通大学是在工程方面的顶尖学校。尤其是当时中央政府正在指定上海交通大学为中国筹备创办“航空工程”学科的5所大学的首选。

果然不久，便由刚回国两年的留美专攻“航空科学”的马翼周教授，以簇新的留美学人姿态，和中央航空学校的姜长英教授，在交大联手办了全中国第一个正规大学的航空系。而我，便成为1939

年交通大学航空系的第三届毕业生。这已是57年前的事!

当时的交通大学，虽名满海内外，远及美国的麻省理工学院，校长与中央政府正级部长同等，但是学生并不多，只有六七百人，分机械、电机、土木、科学、管理5院。机械工程学院自动机械系下又分汽车与航空两系。我在交通大学毕业的那年夏天，日本军队已侵占华北、华东、华中各省，上海的租界区犹如孤岛，远离中国政府势力范围四五个省份。我们航空系同学13人，在法租界爱麦虞限路（今绍兴路）一座四层大楼上课兼住宿。毕业后，除我留美之外，其他同学都到大后方四川，参加航空委员会工作，以空军少尉军阶服务抗战。

三、更上层楼

可是，我自从幼年，便喜欢天马行空，更上层楼，希望出国留学，向留学美国的黄叔培和马翼周教授看齐。那时，航空工业算是尖端工程科学，而美国是这个尖端科学的最尖端所在地，叫我非常向往!

我找黄叔培教授商量，他非常同意我的想法，把我的成绩单寄到他的母校美国纽约仁斯利尔理工大学，取得了一张免学费的奖学金入学许可书。真是吉人天相，八字有了一撇。但是路费、生活费怎么办？家父从事初级小学事业，收入有限。我在交通大学念书，学、膳、宿、杂全部费用，全由“天厨”全费奖学金供给，4年总额不满国币（法币）1 000元。要留学，至少要这个数额的10倍以上。钱，哪里来？

一般人谈到留学，那时非囊有万金不可。而我囊中空空，谈留学，几乎是一个非常夸张的狂想。

为追求这一个狂想，我异想天开，想法筹款。在那年初夏交通大学毕业的最后一周，在上海各大小报刊登广告：“交通大学应届毕业高才生招收中、英、数、理、化补习班学生，试教十日，可以退费。”可能，因为“试教十日，可以退费”几个字发生作用，再加上交通大学的海内外知名的名气，果然立竿见影，门庭如市。每星期7天，全日全夜，排满了每班一小时的班级。一个月的收入，抵得过好多个大学毕业生的月薪总和！其实，所筹款额，与出国留学费用相比，几乎是微不足道。但是至少是向目标走了一小步。

好景不长，没到一个多月，交通大学训导处把我叫去，潘主任对我说：“你好大胆，简直胡作非为。现在上海租界，龙潜虎伏，到处血腥。日本军方、浪人、汉奸、敌对党派、伪组织、地下特务，再加上原有的帮派，人人朝不保夕。我们交通大学连一个名牌尚且不敢挂出，而你竟明目张胆，用交通大学名字和地址，招收补习学生！趁早在尚没有出乱子以前，限24小时以内，一切即刻停止！”

结果，当然收场大吉，幸好手上多出了600元法币。当时因全面抗战，通货膨胀，这几百元法币，只合美金20元左右。这区区20多块美元，连半张最便宜的到美国地船票都不够。想出国，第一要路费，要一张船票，如何是好?

四、一 张 船 票

路费?船票?那时没有越洋航空线，只有越洋船运。要横渡太平洋到美国，当时最低的船票票价是加拿大皇后号舱尾通舱4等船票80美元。我手上只有20美元。如何是好?在“如何是好”的彷徨中，我好像见到过报上的广告，有“王伯元奖学金启事”。王伯元先生，是上海垦业银行的董事长。在打听到他的地址以后，我便在某一天的上午，见到了他。单刀直入，我向他说希望他资助我买一张最低价的到美国的船票。我记得当时，踏入了他银行大楼顶楼办公室，那是一间好大好大轩敞漂亮的办公室，毛茸茸的绿色地毯，轻纱落地窗帘。王董事长中等身材，50开外，一身笔挺的西装，精神奕奕。他听了我的要求，又仔细看了我的“奖学金入学证书”及其他文件以后，对我笑笑说:“那个广告王伯元奖学金，只是法币1 000元，合时价美金只是大约3元。离开你要的船票补助费，还差一大截，而且是好大好大的一大截。知道吗？”便站起来，打量我一身穷兮兮的装扮，微笑地摇摇头，然后，静静思考了一下，点点头，慢吞吞地说：“也好，这个星期天，你到我家来一趟，我们再谈谈。”就这样，我走出了王董事长办公室。我那牵肠挂肚而只有两个星期便开船的船票，仍然是一片茫然！

那个星期天，我准时到达王公馆。好气派，是一座好大的3层楼花园洋房。在大门前，花木扶疏，宽广而蜿蜒的柏油马路甬道旁边，停了两部崭新的豪华黑色汽车。王先生那天是中装打扮，酱紫纱绸长袍，外罩黑纱短背心，典型的一副绅士模样。他郑重其事地介绍了他的几个儿子，年龄和我差不多少。但我一心一意盘算我的船票，也没细谈，只觉得他们是富家公子，气度非凡。王先生对我说：“你的事，我已经打了几个电话，下星期三到我行里再来一次，再谈谈。”

啊，我的天，这一张80美元的船票，仍是镜花水月。船期紧迫，寝食不安！经过了“度日如年”的3天，在一个大晴天的上午，我又准时出现在王董事长办公室，见到了王伯元先生。他开门见山地说：“你手上筹到的钱，不够买半张船票。但是，你明天上午可以把这些钱全部交出来，交给楼下的业务经理。”这几句话，弄得我“丈二和尚，摸不着头脑”，只有点头的份儿。他又说：“在开船的前一两天，我想法子叫他交给你船票。”第二天，我便囊空如洗，换得了一句话：“想法子叫他交给你船票”。

如此这般，在加拿大“皇后号”万吨级越洋轮船开航的前一天，我拿到了我几个月来神梦为劳的船票。

五、黎照寰校长约见

在没办法中想办法出国留学的最后几天，发生了一件非常重大的事，就是当我向相熟的几位教授，包括陈石英教授、沈三多教授、张寰镜教授，请求指教协助的时候，校长室送来一张便条，说是3天后，黎校长约我谈话。

黎照寰校长，在那时只是我印象中的大人物。在我进入交通大学时，听说他是国父哲嗣孙科的广东同乡知交，同时任交通大学校长兼铁道部常务次长，在上海与南京同时办公，是在京沪线上穿梭的中央政府大员。在交通大学一、二年级国父纪念周会上，远远看到他，白净的方脸，乌黑的头发，天庭饱满，架着宽黑边眼镜，用广东乡音国语发言，声音洪亮，略带转折的鼻音，而有坚硬性；他中等身材，西装笔挺，意气风发。这是我当时所知的黎校长。此外，有人说他是中央级大员群中仅有的未婚高官，年轻英俊，周身帅气，是上海十里洋场众多闺秀群芳的偶像。现在，这个遥不可及的偶像，突然在我为一张船票弄得焦头烂额的紧要关头，约我3天后谈话。

这，又是我想入非非的3天!

那是7月31日星期一上午，我准时到达交通大学二楼会客室。窗前阳光普照，满室通明，黎校长已在场。这是我在交通大学4年第一次在咫尺之内见到黎照寰校长。他一身笔挺的浅色夏季西装，戴着那副宽黑框眼镜，更显出他洁白而方正饱满的面容。在工友端上两杯清茶的同时，他满面春风地和我握手后，便自我开场，用那熟悉而久未听到的广东乡音亲热地说："黄叔培主任告诉我，他已替你在美国母校拿到奖学金。训导处潘主任说过，你曾试图招收补习学生筹款。上海基督教青年会方子卫总干事说，王伯元先生在帮你买船票。现在离船期只有几天，我认识王董事长，他一言九鼎，船票大概没问题。但是，到了美国上岸以后，你的食宿旅行及其他费用怎么办？"到此，他的话停了。透过他那宽厚的黑框眼镜，不停而似有笑意地看着我。一片寂静。但是，我没被他问倒。看他似有笑意，可能有袖里乾坤。我鼓足了勇气，摊开双手说："到美国上岸以后，我几乎是身无分文。但是，我相信：穷则变，变则通，道路和方法是人打通想通的。见机行事，走一步算一步……"我没说完，校长打断我的话头，替我接着说："是了，在上海英法租界以外，赤地千里，全是日本兵和各派系游击部队，弥天战祸，已经弥漫到黄河上游的潼关。据我所知，除了你胡声求以外，本届毕业生，没有听到有别人计划出国留学；其他各大学，情形也大致如此。"停了一会，他又说：“黄叔培教授说，你在全班最年轻，身量也最小；但是满有蛮劲和胆量。你的胆子不小。人家是‘公费’留学，‘自费’留学；你是‘没费’留学！”他摇头微笑，再说一遍：“‘没费’留学！”话停了，又是一片寂静。然后慢吞吞地接着说：“黄主任示意我对你从旁协助。但是，我是两袖清风，只好来一个‘秀才人情纸半张’，如何？”校长是在郑重其事地说，而我确是感到茫然，不知所措。怎一个“秀才人情纸半张”？我默然在想。忽然间，听到嘶嘶然撕纸的声音，校长用预先准备好的一个大型牛皮纸公文封套，信封上款是毛笔黑色楷书大字：“胡声求同学收存”，下款是红色印体大字“国立交通大学校长室缄”，旁边一个毛笔黑色行书大字“黎”。正在我聚精会神地看那个威武跳眼大信封的同时，黎校长抽出了信封中的文件，是一封打字的正式介绍公函——交通大学证明书：“为证明事……如荷海外侨胞予以协助至为感幸，此证。”由校长具名用印，并加盖“交通大学之印”斗方朱红官印。黎校长让我看过后，笑容可掬地看我一眼，说：“不要小看这一个秀才人情，对你到美国上岸以后，可能大有帮助。”

原来，这一位广东籍的黎校长，是美国留学生，对于那时几乎清一色的美国大城市唐人街，即所谓华埠，非常了解。唐人街是广东宗亲社会的延伸。到了美国，只要找到华侨社团宗亲会馆，自然有人热诚协助。

果然，在我到了美国上岸以后，虽然身无分文，但是这一封威武跳眼的介绍信，发生了光环般的作用。好像神话小说里的点金神符，我取得了不可言喻的种种便利。是它，帮助我从上海交通大学航空系毕业后2年9个月之内，完成我的仁斯利尔理工大学硕士及麻省理工学院博士学程。也是这一封介绍信的衍生效果，帮助我在到了美国4年之内，在旧金山成立了上千人的中国飞机制造厂；在第二次世界大战末期，生产A-26型战斗、轰炸两用轻型军用飞机机身，每年达1 800多架。

六、离开交通大学

1939年8月7日清晨动身，我携带随身换洗衣服和几本交通大学的笔记本，总共两只手提包，不足20磅重。这些，便是我漂洋出国留学的行李!

上船的那天一大早，我叫了一辆人力车，提了那两只半新不旧的小手提包，离开上海法租界爱麦虞限路的交通大学宿舍楼，向见到的同学说，大家珍重，我到美国去了。大概，我的行装、我的衣着和我的经济背景等，叫人没有一丝一毫"赴美留学"的联想。所以，好几个同学以为我在开玩笑，有的干脆说："神经病！"就这样，我离开了交通大学，一别50多年。

七、航空顺延到太空

在开办飞机制造厂的13年后，美国航空工业，因为受到1957年苏联的SPUTNIK人造卫星的冲击与刺激，卷起了太空狂热的冲霄波涛。我组织了美国太空科学学会的东南9州月球火箭专区行动委员会，并且在亚拉巴马州的太空与火箭中心亨茨维尔市主持上千人的电子导航研发中心，直到1968年月球火箭绕月航行与1969年阿波罗登陆为止。饮水思源，这些由航空顺延到太空的挑战场面，也可以说是我从交通大学航空系所衍生的虹彩光环与余波。

交大求学杂记

傅景常

傅景常（1915—2005），浙江绍兴人，交大1939届机械工程系校友，1944年赴美国学习。曾任大连机车车辆厂副总工程师，参与了我国第一台“和平”型、“建设”型及“人民”型等多种型号蒸汽机车的设计。主持了我国第一台“巨龙”型干线内燃机车的技术设计和制造，我国机车设计制造专家。

我一生中经历过许多事情，但很少去回忆它们。只有求学时代的事，觉得如影随形，印象特别深刻，时时令人怀念，好像夏夜天空中的明星，在回忆中闪闪发光。尤其在交大求学时代的情景，感觉记忆犹新，感念至深，想起来颇多回味之处。

一、入 学 考 试

1935 年秋，我报名投考交通大学。考试前夕抵沪，宿于徐家汇的一个小旅馆中。忽感腹痛异常，店主人给我一杯黑色汤药，叫我喝下去，我不分皂白，闭目一饮而尽，果然不久腹已不痛。方欲入睡，而邻室男女旅客高声谈笑，以致通宵未合眼。翌晨即赶到交大考场“文治堂”。第一场考化学，限 3 小时交卷。题目之多，连数都数不清。每一大题下有很多小题，而小题并不小，内容非常复杂。奋笔疾书，只有写的时间，没有想的时间，更没有稍停休息的时间。考场悬有数尺见方的白纸一叠，上写时间几点几分。每过半小时，撕去一张，以通报时间。共撕去 6 张，表示时间已到，立刻收卷，不准稍延。试卷当然是密封的，不写姓名，只写座号。考场肃静无声，只听到钢笔沙沙地响。偌大的考场，坐了黑压压的满场考生，此时如有银针坠地，或许也可听到声音。收卷之后，肃静而退，秩序井然。一出考场，莫不唉声叹气：“完了！完了！”下一场是物理，又是3小时（以后每场都是3小时）。物理的计算题很复杂，题目就占了半张考卷。化学要滚瓜烂熟才能写完，至于写错写对，就无暇校对了。物理则背熟也没有用，大都是转弯抹角的计算难题，熟读课本是毫无用处的。次日又考数学、英语，第三日又考国文，也觉不易。例如国文题有“《文心雕龙》首章为何？试述其内容”，“我国古代《考工记》的要旨是什么”。3天考下来，精疲力竭。我在那年高中毕业会考，侥幸考了浙江省第一名，初生之犊不畏虎，所以我大胆选择了当时我认为最难考的交大。考试之后，却叫苦连天，觉得自讨苦吃。为了安全可靠，我又去了浙大，浙大也是很好的理工科大学。后来我做了一个噩梦，梦中从山巅上掉了下来，大惊而醒，可能由于我老怕名落孙山之故。不久报上刊登出来了，见已被录取，而且名列第一。真觉得十分偶然和侥幸。后来又见报载浙大也录取了我，名列第二，为了“远来和尚好念经”，交大较远，我就去交大入学了。入学之后，我发现同班同学，几乎都很聪明而敏捷，我却来自小邑僻壤，自觉有点笨拙。

二、入 学 之 初

新生入学，一部分住在新中院，一部分住在中院。我本来考入电机学院，故住在新中院。新中院是新造的二层未漆楼房，各室之间都有走廊相通。邻室同学，在走廊上相见，抵掌而谈，有的同学有时在走廊上踢足球，健康活泼。课余生活，令人怀念。我同室5人互相照顾，亲若兄弟，我至今仍时时想起那时的快乐光阴。二年级时，我考入机械学院（自动机工程门），住在西斋。入学之初，见一切用英文书写，好像身处异国。如课程表、实验报告讲义、考卷等都是英文的。至于课本，基本上采用麻省理工学院用书，当然是英文的。老师除国文课外都用英语授课。起初觉得很奇怪，后来就习以为常了。好在我在杭高求学时，数、理、化的课本也都是英文的，所以听教授以英语授课，并不觉得困难。

如上所述，我的同学都很聪明，而且勤学，原都是当时著名中学的优秀毕业生，所以同窗共读，益我良多，如蓬生麻中，不扶自直，我就不敢怠惰了。当时勤学而朴实的学风，对我的将来，很有好处，让我刻苦耐劳，孜孜不倦。

三、我的老师

我侥幸考上了交大，但这只能说是过了第一关。“过五关，斩六将”，以后关还多着呢！入学后觉得功课不轻，多数老师授课时滔滔不绝，口若悬河，一小时要讲很多内容。很多课程每学期有定期考试两次，一般都在晚上考，一考就是3小时，以避免占用白天上课时间。尤其是考物理，同学们喻为“上屠宰场”，言其难得要命。特别是计算题，故意出难题，犹如入八卦阵，迷魂阵里很难走出来。

在一年级学力学和热学时，我的物理老师是交大科学院院长裘维裕先生，童颜鹤发，带着金丝边眼镜，目光四射，炯炯有神。上课时，黑板后面的两扇大门忽然开启，他即从中出来，到讲台上站着。同时助教王先生即来散发裘先生编的英文讲义。然后裘先生立即开始口若悬河地讲课，全用英语讲授，非常流利清楚。那种清瘦潇洒的学者风度，令人至今难以忘怀。但是他的定期考试之难，至今想起也心有余悸。一直要等到以后发下批过的考卷，才能如释重负。

在二年级时，是赵富鑫先生教声学、光学、磁学和电学。他对物理，也是滚瓜烂熟，无书无稿，只发讲义，一边滔滔不绝地讲，一边笔走龙蛇地写黑板，刚写满两块黑板，即闻下课铃响，每次上课差不多都是如此，掌握授课的时间，竟如此准确。他的定期考试，其难度与裘先生的如出一辙。

杜光祖先生教我们应用力学。他的声音非常轻，点名时一不留神，就不及报“到”。讲课时声音也低得刚能听见。但他深入浅出，引人入胜，言语不多，意义很深。课堂中鸦雀无声。他在黑板上徒手绘图，圆者如用圆规画出，方者如用直尺画出。几个简图，便把道理说得清楚透彻。我至今还记得应用力学方面的主要原理，不致搞错，对工作很有帮助，都出自杜师之赐。每到下课铃响，同学们还舍不得走。他说得一口道地的上海话，简单几句话，把容易混淆的概念都说清楚了。

黄叔培先生讲汽油机和柴油机，我也很爱听。他虽是广东人，但英语十分流利，据说他是中国派出去的第一位内燃机专业的留学生。他既讲课，又指导实践，又亲自带我们下工厂指导实习，又教我们开汽车，从理论到实践，一手包了下来。

钱乃桢先生讲内燃机，如数家珍，一口英语，如长江大河，滔滔不绝，但有一点乡音，我们背后偷偷地学他。

陈石英先生教热力工程学。一丝不苟，苦口婆心，对于每个定义解释得一清二楚，毫不含糊。而且要我们锻炼表达能力，答考题规定在多少字之内解答，要求以极为简明的英语答出来。万一字数超过规定，或用字不当，他用红笔改正，并酌予扣分。如果答案的数值错了，就是方法对，也要算做错，也要扣分。因为他说，将来到工厂工作，把数字算错了，会造成很大的损失，计算方法虽对，也没有用。我以后从事设计工作，把陈先生的话牢记在心，对数字要校对无误才放心。陈先生要我们用步数测量距离，谓对工作中有用。他想竭力训练我们将来成为胜任的工程师。

李泰云先生教我们金工（机械加工）的实习操作，蒋汝舟先生教我们锻冶、翻砂、木工，都亲自操作示范，并要求我们亲自动手。

我因力气太小，执大锤打铁最感吃力，但也不得不打，往往弄得汗流浃背。动作不正确时，老师一一手把手校正，决不随便放过。这种精神和习惯，使我们在以后的工作中也受益匪浅。

还有张寰镜先生教画法几何，金肖宗先生教材料力学，蔡有常先生教机构学，马翼周先生教航空发动机，沈三多先生教机械设计，曹凤山先生教直流电机，张怀义先生教高等化学，胡敦复先生教微积分，以及其他诸师，都苦口婆心，惠我良多，对我以后的工作很有裨益。饮水思源，终生铭感。

四、通宵游行

1935年，我读一年级时，有一天下午4时左右，忽然听得一声哨响，由学生会召集全体学生在操场上集合，为反对日伪机构“冀察政委会”成立，立即出发游行，向上海市政府请愿。抗议当时日本为蚕食华北，利用汉奸殷汝耕建立该机构。沿路别的大学学生也陆续加入游行队伍，如光华、复旦、大夏等学校。队伍越走越长，声势越来越大，慷慨激昂，气贯长虹。整整走了一夜，次日凌晨才到市府门前，大声呼叫“市长出来”。那时我们忍饥挨饿，声嘶力竭，叫了好久，仍大门紧闭。我们就坐在地上，挥拳呼叫。忽有一人出来，拿着一箩面包，说要分给大家充饥，大家大叫不要面包，只要市长出来。并高呼打倒汉奸、打倒帝国主义的口号，表现出学生大无畏的爱国主义精神。结果市长出来了，接受了学生们惩治汉奸和取缔伪组织的要求，立即上达。我们才登上归途。我们自学校出发游行时，没有吃晚饭，走了一夜，也没有吃早饭，也不吃“恩赐”的面包，其疲惫饥饿可知，又走了一天才回到学校。这些文弱书生，居然能发出这样大的精神力量，这是为救亡图存的爱国思想所激发的。

五、听玻尔演讲

一年级时，有一天，工程馆外车水马龙，原来丹麦核物理学家玻尔（Bohr）来我校演讲，听者满座。那时交大的工程馆，可能是上海最现代化的实验室和工程教学楼，玻尔又是那时极负盛名的物理学家，当然盛况空前。我那时才是一年级学生，当然听不懂。但我还是硬着头皮听完了。只见玻尔手里拿着原子结构模型，把它转来转去，以不同方向展示。我听得糊里糊涂，以后就把这事淡忘了。10 年之后，出现原子弹，我才知道玻尔是最初研究原子弹的学者。当时的交大，居然能请到这样的大科学家来演讲，也是非常难得的，足见名声远播。

我对科学家的崇拜，早从中小学时代就开始了。我自幼喜看科学家传记，如富兰克林自传、牛顿的故事、爱迪生的故事等。后在震旦大学图书馆里借到爱因斯坦传，看得手不释卷，妄想将来也成为科学家，但我学的是工程，学校的培养对象是工程师，不是科学家，这在以后工作时才体会到，所以做科学家之梦，不久便幻灭。但至今仍钦佩科学家，至今仍回忆那次听玻尔演讲的后劲，那便是听不懂也要听到底，真不知天高地厚。

六、工 程 馆

交大的工程馆，在当时的我看来，真是气象雄伟，富丽堂皇。馆成U字形，U字开口处是大门，入门有一庭院，院中有马可尼铜柱。那时无线电是很时髦的东西，所以无线电的鼻祖受人尊敬。楼上阶梯教室舒适宽敞，长又大的石质黑板几乎与教室齐宽。楼下各种试验室中有各种机械、电机、电报、电话设备等。还有汞光试验室，光芒耀目，至今如在眼前。初入此馆，真是大开眼界，似乎已进入科学殿堂，颇有幸福自豪之感。

工程馆的南面，有一排工字型的玻璃厂房，门窗和墙都以玻璃制成，采光充分。这是实习工厂。其中有木工厂、金工厂、翻砂厂、锻造厂，供学生实际操作之用。内有教室，先上课，后操作，使理论与实践密切结合。

七、文治堂

文治堂是以老校长唐文治命名的大礼堂，是开大会、举行演讲会、进行招生考试的场所，规模宏大，古色古香。当时已离职的唐文治先生年逾古稀，双目失明，曾来文治堂演讲，勉励同学们勤奋治学，为国努力。据说他是前清翰林，太仓人，以擅长古文著称，但思想较新，办学有方，奠定交大的基础。又据说这位老校长严格以成绩优劣取舍新生，不管学生的来头多大，如成绩不够格，决不录取，足见他的刚正不阿。

那天他演讲时，虽双目失明，而精神很好，声如洪钟。听众满座，当时的校长黎照寰先生以及教授们和学生们都去听了，并有来宾很多，真是士女如云，极一时之盛。

文治堂是交大的中心，也可以说是交大的象征。数年前我回到母校去，特地去找文治堂，但已找不到了，显然已被拆除了。陪我的两位老教授是从别校调来的，他们当然不知道文治堂为何物。

昔日的中院，现已改名为“新中院”，而昔日的新中院，已非我初入学时那样全新的未漆新楼，已斑驳陆离，陈旧不堪，改作他用了。颇有沧桑之感。

我虽然找不到文治堂，有些怅然，但看到巍峨的新图书馆和正在施工的研究生院高楼，心中很是鼓舞，原来母校交大正在飞跃发展！

八、执信西斋之梦

二年级下学期，我在绘图教室中上画法几何课，课间休息时，抽签分配到三四年级学生宿舍——执信西斋。提到执信西斋，那是多可爱的房子啊，在我看来简直是一所漂亮的别墅，位于学校西北角僻静幽雅之地，好像世外桃源。窗明几净，室外有小池，池中有碑，上刻“饮水思源”4个大字。碑的顶部有齿轮和锤子的模型，象征工程专业。池边草地如茵，南面是福开森操场，是一个网球场，看到高年级学生在这里打网球，常侧目视之，渴望有朝一日我也能在这里打网球，也能在窗明几净的房间里自修，饱享课余游息之乐。这次抽签分配房间意味着上述梦想的即将实现，当然令人兴奋。主持抽签的同学摇号叫号，天真活泼，劲头十足。大家一面摸签，一面大笑，真不知天下有烦恼事。万万料想不到，就在这年的暑假期间，七七事变发生了，交大由徐家汇迁入法租界中华学艺社，执信西斋之梦迅速破灭。皮之不存，毛将焉附。个人的幸福依靠国家而存在，这是千真万确的。

数年前回母校，特去执信西斋，见外观完好，只是旧了。室外小池，池中碑刻“饮水思源”4个大字，依然如旧。徘徊久之，不忍离去。房外晾晒衣服不少，想已改为职工宿舍，门窗紧闭，不好进去，只好悻悻而去。

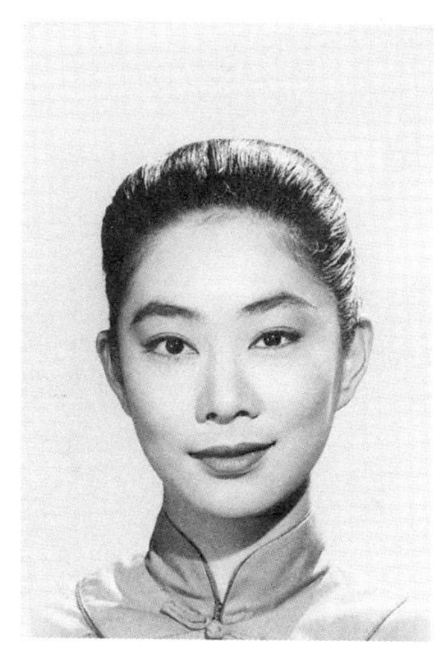

起　步

卢　燕

卢燕，表演艺术家，1927 年生于北京，广东中山人，1945 年考入交通大学财务管理系，1947 年入夏威夷大学攻读财务管理、兼修戏剧，后在好莱坞从影，成为第一个生长在中国的好莱坞华人演员，也是奥斯卡资深评委中第一位华裔。

我在交大读书的时期是一个很不寻常的时期。

当时抗日战争已经胜利，交通大学从重庆回到上海。因为敌伪时期徐汇校园遭到很大的破坏，所以我们进校时校舍破烂不堪，没有专门的男女宿舍；图书馆是空的，没有书。学生就住在老图书馆一楼，不分房间，在整个大厅里一排排地放着单层床铺，日常喝水要到外面打进来。后来有了宿舍，先是双层床铺，后变为单层的。

那时虽然物质条件很差，但学生受工业救国思想的鼓励和熏陶，士气很高，读书都很用功，校园学风很好。学校非常重视国文、英文。那时交大的理工科是最好的，管理系也是最好的，有铁道管理、实业管理、财务管理。我念的是财务管理。学校老师对教育十分真诚，其教书态度是有问必答，非常尽职，也非常欢迎学生下课后去找他们。他们生活很艰苦，就住在右后面的平房里。印象比较深的老师有教统计学的王教授（具体名字记不得了），穿着一件长衫大褂。还有教英文的杨老师，他英语非常流利，后来听说他到美国去深造，就失去了联络。

当时课外活动比较活跃。有唱诗班，有话剧团。话剧团一年公演两次。我参加过话剧团《雷雨》的演出，饰演四凤，很轰动。当时学校里没有年龄老的人，就从外面请了一位资深演员来饰演鲁妈。该剧由景森导演，他后来到台湾去了。合作的一些演员很多是工程系的。记得有位同学叫张树人，他饰演鲁大海。其个性与剧中人差不多，非常粗犷。排练《雷雨》时，学校正在闹学潮。交大学生自己开火车去南京请愿，我们都吓坏了，觉得这样做太危险了，因为他们不是火车站工作人员，不了解道路情况，很容易出事故的。张树人参加了，我觉得他很有魄力，但胆子太大，太鲁莽了。1947 年我若不是离开学校的话，还会参加《原野》的演出，饰演金子。可是我离开了。

交大学生不仅理工科很好，文学修养也很高。他们写的文章很好，而且读的古书很多。他们喜欢艺术，舞台上的表演很好。如在大礼堂演出所用的灯光、布景，都是化学系、工程系同学自己弄的。他们能够学以致用，很了不起。演出时，观看的人很多。

在交大读书时，我是工读生，必须自己养活自己。除了有兴趣演戏外，学校其他活动我都没时间参加，不能与同学们一起享受学生生活。我在外面兼职，翻译影剧。那时一天有 3 场戏，2 点半、6 点半、9 点半各一场，3 名翻译各翻译一场。一般我要求翻译 9 点半一场，但有时前两场也会去。当时的大光明电影院上映的片子都是珍珠港事变前留在上海的，是英语版的，也无中文字幕，观众中没有多少人懂英文，也没有剧本。我事先看一遍电影，放电影时，我就在播音室将对白当场翻译成中文，让观众听到中文对白。我翻译时尽可能融入角色中，有感情地说话。男的模仿男的说话，女的模仿女的说话，生气是生气，甜蜜是甜蜜，这好比是我一个人的独角戏。慢慢地，观众对我的翻译留下较为深刻的印象，称赞我翻译得好，看电影时点名要看“卢小姐”翻译的那一场。

从学校出来，我得到第一份工作就是在上海大光明电影院做“译意风”小姐，将英语片的对白翻译成国语，这是我第一个职业。1947 年，出国时，我才不舍地放弃了这份工作。

我对表演艺术的爱好和追求是受父母的熏陶，从幼小时候就开始的。

我出生于中国北平。父亲卢家駼系广东省香山县（今广东中山）的望族，保定军校出身，曾出任外交官，后改行经商，平时雅好京剧。1929 年，他与被人称为“坤伶须生泰斗”的京剧名角李桂芬结为伉俪，生下我一个独生女，视为掌上明珠。母亲虽婚后即告别戏坛，但父母对京剧的热爱，并未有丝毫减退，常带着我一起去戏园看戏。耳濡目染，我自幼也迷恋上了京剧。抗日战争时期，迁居上海，父亲皈依道山，母女寄居于著名京剧大师梅兰芳家中。母亲与梅夫人福芝芳交情笃深，梅氏之女梅葆玥师从母亲，于是，梅氏夫妇认我为干女儿。这样，我学京剧就有了更加得天独厚的条件与环境，不时能得到梅兰芳、王幼卿等名师的指点。成长在这样的环境中，使我一生醉心艺术。

当我 14 岁左右时，就在上海第一次登台演出《虹霓关》。可惜因嗓音不够响亮，中气不足，在唱长腔的时候只好缩短唱腔，演出未获成功。1947 年，我随母亲到檀香山投亲。

虽然我一向喜欢艺术，但家里希望我将来做银行家。因为我叔叔、伯伯都在银行界，他们觉得我算术很好，人很诚实，很靠得住，非常适合做银行家。而交大有最好的财务管理，来交大读书可以受好的教育。这就给我规划了发展的路线。1947 年我随母亲来到美国，读的还是这一专业，同时我在夏威夷大学兼修戏剧与演讲。我在专业领域做得很好。我在美国夏威夷 Queen Hospital（皇后医院）从事财务工作，一开始做 cashier（出纳员），后升为 auditress（女查账员）。院长对我很欣赏，因为我做事很负责任，脑子又快，不一定要用计算机的。于是院长又升我为 budget controller（预算主管），整个医院的预算我不签名是不行的。但我不喜欢这种工作，与数字打交道太枯燥，最终还是改行从事演艺工作了。

1956 年，我又移居美国洛杉矶，进入加利福尼亚著名的巴沙甸那戏剧学院表演系深造。毕业时因演《八月茶室》一剧获得异常成功，被校长推荐到好莱坞，从此开始了银幕生涯。此后，我在美国及远东曾领衔主演或与美国著名影星合作，演出了许多部影片，多次获奖。1960 年和詹姆斯 · 史多华特主演影片《山路》；1961 年，又参加演出了好莱坞著名影星马龙 · 白兰度、卡路 · 马登主演西部片《独眼龙》；1970 年领衔主演《董夫人》，获金马奖最佳女主角奖；1972 年参加演出《十四女英豪》一片，获金马奖最佳女配角奖；1974 年主演影片《倾国倾城》，饰慈禧太后，再获金马奖最佳女主角奖等，成为美国好莱坞当代著名的华裔影星。这段路程，我是从交大起步的。

北有清华，南有交大

章燕翼

章燕翼，1946 届交通大学校友，邮电高等教材编审委员、编审。

一、入学难，入学后更难

我是 1942 年在重庆进入交大的。当时交大刚刚在重庆成立总校，以前那边是分校。入交大难，但进来后更不容易。我一进来就有一个很强烈的感觉，我们原来在中学读书是不错的，但进了大学就不行了。差在哪几个方面呢？第一个是外语。过去后方读外语的比较少，但在这里，课本、上课都用外语，不习惯。所以第一次考试的时候，题目都看不明白。第二个给我印象深的是这个学校不一般。记得第一天老师就跟我们宣布，“我们交大可不是一个简单的学校，我们不是培养一般的人，我们是培养天才”。一开始就是这么说的，所以学习上要求很严，要大量的淘汰，去掉不及格的。比如说英语，要求有一半的人不及格。在这种情况下，考试的难度可想而知。举个例子，物理，进去一个月就开始考试了。考试的时候，你可以看书，也可以翻你的笔记，就是不能够互相说话。这个考试很厉害，就考两个题目，第一个题是说，有一个猎人，朝天开枪后，子弹再没有回来，求他的速度。这个题先是看不懂，后来看了半天才总算明白了一点，但不知道怎么做，因为感觉什么数据都没有。数据都没有，要我求速度，根据什么求呢？第二个题更糟，看了半天也没看懂。说是一副扑克牌，放在台子上往前推，问最大的长度是多少。那个时候，多数人知道扑克，但是没玩过，玩不起。至于我则根本没见过。所以，等我把题目看懂，40 分钟就差不多过去了。后来我才搞清楚题目所说的应当是什么样子，那就是第一张放在桌上，第二张放在第一张的上面，不能超过第一张长度的一半，第三张又不能超过一半的一半。就这样下去，54 张牌，要列出个公式来，就可以知道一共可以推多长了。这些题目都是外文的，我觉得自己在中学的时候外文不算差，可这会儿看题目看了半天还不是很明白。结果考下来我得了零分，头一次就吃了个下马威。那次全班大概有一半人是零分，大家一下子吓坏了。

还有微积分，第一次考试，多重微积分就出来了，而当时我们微积分都还没有学。类似的考试每个月差不多都有，考的题目也都是这样，好像没学过，没看到过，或者是有关条件的东西没有。原来大家都觉得自己能够考进大学还可以。结果平生第一次吃了鸭蛋。这对大家触动很大。后来我们才明白，这是要你动脑筋，不是要你背公式。过去读书只要把书背熟，背熟公式，会做题目就行，现在不行了。

一年之后，我们电机系好些人被淘汰了。一些从外校转过来的同学就更吃不消了。很多人降了一级还跟不上，只好被淘汰。

二年级的时候，我不想学电机了，感觉越来越难，累得不行，于是想转系。那时交大第一次办造船系，是由原来的商船学校并过来的。我想转到这个系，那样将来毕业出来是第一届。我先跟造船系主任叶在馥说好了，他签了字。回过头来找电机系代理系主任、教务长李熙谋签字的时候，他说，你怎么可以转到造船系？我们交大最出名的就是电机系，你怎么可以去那里？不要去。我说，人家已经签好字同意我去了。他说这算什么，结果他把签名纸拿过去扔掉了。随后他又说，交大的电机系是中国领头的系，是中国电机的摇篮，你不要转了。那天正好是中秋，他家做了元宵，非叫我吃一碗。这样我就没转成，又在电机系留下来了。那一届电机系最后留下来的有 30 人左右。

三、四年级的时候就不同了，比较轻松，很少有人退学。所以说交大的门槛高，就高在入学一、二年级。老交大的传统不是我们理解的入学考试的门槛高，而是进校以后的一、二年级。一、二年级要淘汰很多人，这样到三、四年级一般剩下的就不多了。我们这一届，如果不是后来的合并变迁，剩下的就更少了。我们剩下的 30 人就是和前一届合并的结果。比我们早两届的，进来的时候好几十个人，毕业的时候仅剩十来个人，都淘汰了。

如果说交大的这些传统对我们有什么影响的话，那就是使我们学会了树立信心，不怕困难，坚信困难总是可以克服的，哪怕我不会，只要肯学，就能学会。即使没学过，也能想办法解决，而不会抱怨说这个不行，那个不会干，他们会想办法去克服。在学校学的东西，学生也知道并不是有针对性的。因此学校要让学生学会学习，学会看书的本领，以不变应万变，这也是名牌大学的特点。

二、名师荟萃，终身受益

和所有名校一样，交大也有一批一流的教授、学者，如张钟俊、严晙（教直流电机）、朱物华（教传输）、陈大燮（教热工）。还有物理老师殷大钧，以及那个要我们"记住耻辱，要争气，交大人无论在哪都要争在前"的教数学的唐济楫。朱物华讲课相当好，很清楚，一点闲话都没有，到点就下课。

教热工的陈大燮，很有特点，不修边幅，头发经常不剃，拿根铁拐杖。讲课讲得不多，但确实讲得好，很多人旁听，门口站的都是学生。他喜欢当场发挥，喜欢表示不满，喜欢讽刺美国，还很会"吹牛"，喜欢讲自己的过去。有同学说我们读的《热力工程》的作者在美国是权威。他说，"他们算什么，我都认识，他们比我差多了，我的名字就刻在他们学校的墙上。我在美国每年都是优秀"。他又说，"留美考试，题目多数是我出的。如果我给你们出的题目，你们能在24小时内解出来，那你就算可以了。但是我只要4个小时"。随后，他就讲是什么原因。他还说，"美国的那些书我都看过了，不用看了。所以没事只好弄弄围棋。你们哪个有兴趣来一盘"。这是中华人民共和国成立前他对国民党不满，认为国家没有进步，教授生活不好，心情不愉快，所以才会这样。热工学里有个很难讲的概念叫“熵”。这概念非常抽象。但陈大燮讲得非常清楚。他从10个方面讲这个“熵”，使你大体理解“熵”原来是这么回事。他上课的时候还喜欢教我们一些小窍门，比如说单位，最容易搞错。他告诉我们怎么搞清楚单位之间的关系，怎么快速变换，这样速度快了，还不容易出错。

黄席椿讲数学里经常用到的“e”（自然对数）时也很有特点，对我们说，“为什么老是出现这个e呢”，而这一般书上都不会讲。他不仅讲，而且讲得很清楚。这些老师对学问都有很深的理解，所以才能够讲得这么清楚生动。

钟兆琳是系主任，和我们一样都住在学校。他非常关心学生。有一次见面，我说，“现在我功课不紧，还有点穷，能不能兼点什么工作啊”。他说，“那好，我给你想办法”。结果他叫裘维裕介绍我到交大对面的一所中学去教书。裘维裕相当有名，是理学院的院长，物理专家。他写的介绍信人家就很欢迎了。

张钟俊是当时最年轻的博士，麻省理工大学毕业的。他在我们进校的时候就来了。他讲课要求比较高，也很关心人。我分配工作的时候，他问我到哪。当知道我到松江时，他就马上说那边有我老同学，我给你写介绍信吧。

当时，交大知名教授还有顾毓琇、茅以升。顾毓琇是兼课。他讲课很风趣。江泽民也听过顾毓琇的课。顾毓琇和茅以升的课都是选修课。那时讲选修课的都是挺有名气的人，讲的都是一些前沿的东西，他们一般都是某方面的权威，很多是清华大学的教授。我上次和在清华的弟弟聊天，问他清华和交大有什么差别。他说差不多。我弟弟比我小 6 岁，已经退休。当年我弟弟考入西南联大，他本来是要选南开的，我要他选清华，我印象中清华和交大是可以比比的，所谓“北有清华，南有交大”，其他学校都比不上交大，他到现在都感谢我要他考清华考对了。

我的摇篮
——交通大学

李　均

李均，1931 年生，江苏苏州人，1948 年考入交通大学电信管理系，1949 年 2 月加入中国共产党。1950 年 12 月加入中国人民解放军雷达部队。1954 年任教于中国人民解放军军事工程学院，后任长沙工学院、国防科技大学教授。长期从事雷达、数字信号处理、机电一体化等领域的教学科研工作，曾获全国科技大会奖、国家科技进步二等奖等奖项。

人人都有一个梦魂萦绕的地方，对我来说，这地方就是交通大学。

一、生 于 交 大

1931年春分，一个女婴诞生在上海交通大学的二进洋房（原址现翻建为教师活动中心），那就是我。当时我父亲李谦若任交大土木工程学院院长，并教天文学。父亲给我取名“均”，一来取其“土”字旁（我妹妹和弟弟的名字分别取“木”“工”字旁和“程”字），二来因为春分时节，昼夜均分。我出生以后，妈妈买了一只羊，拴在门外的一棵树上，准备挤奶给我喝。可是那只羊离开了它的家，整夜“咩咩”地叫个不停。第二天，妈妈看它可怜，就把它还回去了。

在交大校园里，我度过了无忧无虑的童年。

学校的大门是银行家吴培初先生捐赠的。他是我家的远房亲戚，他的儿子想进交大学习，父亲就劝他捐5 000大洋，修建了这座红色的大门。这大门加上门口的那座小桥，当时在我眼里是那么的宏伟，我常常在大人的帮助下，抓着金色的门钉往上攀。父亲当时还负责工程馆的设计和督建工作，这可以说是我当时见到的最伟大的建筑了。我喜欢它的坚固、高大，尤其是在里面说话能听到回声，这对我是不可思议的，对我有极大的诱惑力。我经常一个人跑进去大喊大叫，根本不听劝阻。直到后来有人告诉我说工程馆里有鬼，那回声就是鬼的声音，这才把我吓住了。一直到上大学的时候，进了工程馆还总觉得阴森森的。父亲有位助教——顾兆勋先生，他脾气特好，喜欢摄影，给我照了很多相片，还着了颜色。我当时才四五岁，经常缠着他不放。有时，我一个人跑到他住的上院三楼去找他玩，他教我把纸片叠成三角形，并从三楼的楼梯栏杆处把它们放飞到楼下，我的心也随着纸片飘荡，快活极了。另一次他和我们在校园里玩，走到一个亭子（即现在史穆烈士墓的地点）前，我觉得那里景色很好，想照个相，又不好意思直说，就抱着柱子不放，说什么也不肯走。大家觉得很奇怪，都骂我，最后还是他看出了我的心思，抱着我照了张相。20 世纪 80 年代，他已是著名的水利工程教授，我曾去南京看望他。他说他当年工作非常忙，还正在准备出国考试，经常工作到深夜，但无论如何也不会拒绝一个天真女孩的要求。他也很留恋在交大忙碌的日日夜夜。春天到了，我就和姐姐在校园里采野花，有小黄花、小蓝花和白色的荠菜花等，比赛谁采得多、采得美。有时，拎着小篮，跟大人们到大草坪上去挖野菜，像草头、荠菜和马兰头等都是我们的佳肴。我还在体育馆的游泳池里玩水，因为我还小，只能伏在妈妈的背上来回走动，这是我第一次闻到氯气味道。也许是第一印象特别深刻，以后无论在什么游泳池里，只要闻到氯气味道，都会想起交大的游泳池，想起妈妈的背。我们一大群孩子还常在老图书馆后面的小山头上玩“官兵捉强盗”，我年龄最小，常常摔得鼻青脸肿。

1937年8月13日，淞沪战役的枪声结束了我的金色童年。日本兵侵入了上海，而且还强占交大校园作为兵营。我清楚地记得，当时我一手抱着心爱的娃娃，一手牵着妈妈的衣襟，一步一回头地离开了可爱的家园，住进了拥挤的租界。在那段艰苦岁月里，物价飞涨，民不聊生，惶惶然不可终日，父母的话题总离不开如何变卖那些不值钱的家产，如何填饱肚子。我有时做梦回到交大，过着天堂般的和平生活，那里的一草一木依然是那样的熟悉，可是醒来却发现仍然生活在敌人的铁蹄下。什么时候才能真的回去呢?

我记下这笔账，第一次赶我出交大的是日本侵略者！

二、二进交大

1948年9月，我考进了交大电信管理系。当年该系录取率是1：14.5。进交大学习，一来圆了我当交大正式学生的梦，二来为报答父母和老师的培育之恩，三来也为自己找个栖身之地。当时国内战事纷乱，政府腐败，生活艰难，抗战胜利后的美好期望全成了泡影。国家、个人前途都很渺茫，一个女孩，不去读书又能干什么呢？于是我二进交大。

跨进久违的校门，见到一幅极大的画像，从中院的三楼一直挂到一楼。啊！那不是我姐姐李菊吗？怎么搞的？她曾是个不苟言笑的沉静女孩，居然如此抛头露面地让人家把大照片挂在半空中，参加学生会竞选，简直不可思议。

离正式上课还有几天，李菊让我到民众夜校去代几天课。从十四五岁开始，为了贴补家用，我曾多次在富人家当过家庭教师，他们家中凶猛的狼狗、豪华的陈设和调皮、厌学的学生，都令人望而生畏，我每次去上课都是提心吊胆的，上完课出来才一身轻松。民众夜校的这些工人学生虽然年龄比自己大，却勤奋上进，而且非常尊重我，使我的自尊心得到很大满足，我觉得和他们在一起，自己还是有点用处的。以后才知道，这就叫作知识分子要为工农大众服务。

开学了，在新生报到的日子里，校园里洋溢着热烈的迎新气氛，到处都可以看到由学生会和各系精心制作的迎新标语和宣传画。在新生接待站，有茶水供应，有老同学帮我们搬运行李，指引我们办理注册手续，解答各种疑难问题。各系还召开迎新联欢晚会，表演精彩的节目。新生中很多人第一次离开家庭和父母，有的同学还是第一次远离家乡，对号称“冒险家的乐园”的大上海和国际知名学府交大，都有一种陌生和恐惧的感觉。然而，在学校里有那么多热情的老大哥、老大姐，像亲人一样，觉得特别温暖和亲切。

当时，在白色恐怖下，地下党采用合法斗争的形式，利用社团活动，进行党的宣传，团结教育年轻学生。在解放战争节节胜利的大好形势下，交大成了“民主堡垒”。校园里，处处洋溢着青春和活力，对于我们这些闷得发慌的年轻人来说，新鲜极了。作为新生——各社团网罗的对象，我毫无选择地一下子参加了十几个社团，有青年会、合唱团、舞蹈班、秧歌队、美术字学习班、漫画学习班、普通话学习班、读书会、联谊会、民众夜校、每日新闻社……甚至还参加过基督教的礼拜。我们唱啊，跳啊，不知不觉中，接受了党的教育，看到了祖国的前途，找到了自身的价值，赶走了胸中的烦恼，唱出了心中的春天。

1948年下半年，解放战争进入三大战役后，国民党兵败如山倒，解放军进军南下，势如破竹，所向披靡。同学们都渴望知道战事的真相，而这些消息从政府的报纸上当然是不可能得到的。学生会便组织了每日新闻社。每天早上，在学生会门口（即容闳堂西北角）出版一期大字报，报道最新战况。消息来源，一是当地的外国报刊；二是当地所谓中间势力的报纸，他们的报道有时还比较客观；三是解放区的新华社广播，由专门的同学每天深夜负责收听。为了保护参加工作的学生，避免过多地暴露自己，由7个班级轮流负责出版，每班一天，一星期轮一天。我班负责星期二出版。我于星期一，在指定的地点向这天的负责人取了钥匙，星期二早上天蒙蒙亮，就和我班的七八个同学们一起开始工作。同学陆中华擅长外文，他便从外文报上翻译摘录消息。朱声玉等同学擅长中文，便从事编辑工作。钱素芬等同学擅长书法，便负责抄写。为了争取时间，往往是编好一条就抄写一条。大家在一起嘻嘻哈哈，一会儿就完成了。当我们看到很多同学簇拥在大字报前，如饥似渴地争相阅读这些胜利捷报时，感到很骄傲。

1949年初，为了避免学生会骨干的过分暴露，学生自治会采取了按班级竞选的办法，即由班级而不由个人来担任干事工作的办法。我们电管一年级全班同学都参加了全校班级竞选大游行，举着大幅标语，载歌载舞。在全校的竞选晚会上，章公亮和我还演出了“小人戏”（双簧）为我班竞选。最后我班推选陈振宝同学为代表，常驻学生会。

凭着正义感和一腔热情，我积极地投身到党领导的“反饥饿、争民主”如火如荼的斗争中去。1949年1月，曹子真同学介绍我秘密地参加了党的外围组织——新民主主义青年联合会。紧接着，2月她又介绍我参加了地下党，我成为班上第五名共产党员。其实，当时我还不满18岁，认识也很幼稚，只是觉得眼前一片光明，中国有希望了，这希望就是中国共产党。

南下的解放军，跨黄河，渡长江，攻克南京，眼看上海就要解放了。这种大好形势大大地鼓舞了我们，在校园里，便热火朝天地组织起各种迎接解放的应变组织，如护校队、巡逻队、救护队、宣传队、秧歌队等。绝大部分同学都团结在党的周围，自觉不自觉地参加到这场政治斗争中来了。

我参加了“晨社”，每天早晨，就和同学们一起学跳舞和扭秧歌，晚上唱解放区歌曲，还学习救护知识和包扎。每天夜里，全校同学轮流在校园里值班和巡逻，以防反动军警冲进校园逮捕学生。此外，同学们自发组织起来，学习共产党的方针、政策。我班七八个人组成一个小组，起名“渡船小组”“渡江小组”“解放小组”和“开山小组”等，学习《目前的形势和我们的任务》《新民主主义论》等，大家以无比兴奋的心情迎接解放。

然而，敌人不甘心失败，狗急跳墙，于 1949 年 4 月 26 日深夜，派了“飞行堡垒”装甲车和大批警察冲进校园，逮捕进步学生。本来地下党曾得到有关情报，知道这几天敌人要来，于是每天夜里都安排了巡逻，并准备在敌人来后把大家集中到体育馆里，这样人多势大，使他们难以下手。但是那天，装甲车一下子就冲进了后门，同学们来不及集中。我当时还在睡梦中，只听见房门外乱哄哄的，同学们奔走相告，女同学们相对集中，我的动作慢了一步，明明看到不少人走进走廊尽头的一间寝室，等我再去敲门时，她们竟不肯开了。我只好回到自己房间，仍然躺在床上。过一会儿，就听见门外响起急促的脚步声，是敌人来了！我听到他们首先走到对面，用钥匙打开了李菊的房门，在里面翻箱倒柜，幸好那几晚她都隐蔽在校外。然后他们又挨房搜查，当走到我房门口时，装腔作势地喊道，“同学们，开开门”。我不睬他们，他们便开始大声吆喝，使劲捶门。我想，只有我一个人在屋里，这门是绝对不能开的。便用被子蒙着头，一动不动。只听见有人爬上门，借着走廊上的灯光，透过门上气窗的玻璃往里看，接着说，“三张床，没有人”，就走了。原来，我睡的是一张软铁床，而且当时人很瘦小，躲在被子里面，别人看不出来。在他们搜查别的房间时，我不便出来，只好接着睡。因为半夜里折腾了一番，居然一觉睡到次日上午 9 点钟。待我醒来时，敌人已经走了。同学们见到我都特别高兴，因为有人偷偷见到敌人拿的黑名单上好像有我的名字，还以为我被敌人抓走了呢。大家告诉我，敌人抓走了 50 多人。全市大学都被勒令停课，反动军警强占了校园，大家只好怀着满腔的愤恨，被迫离开了可爱的校园。

于是，我第二次被赶出了交大校门。

三、三 进 交 大

1949 年 5 月 25 日，上海解放了！同学们都归心似箭，马上从四面八方回到学校。虽然只离开了一个月时间，校园却已经满目疮痍。最使人发指的是，敌人在临逃跑前，杀害了我们两位同学，穆汉祥和史霄雯。这两位都是毕业班的同学，都像老大哥似的对待我们。穆汉祥还是我们电信管理系的，很幽默，总爱和我们开玩笑。他们很聪明、很能干，正是大有作为的时候，可是就这样活生生地被残杀了。我们在新文治堂开追悼会时，场内一片抽泣声，大家都很悲痛，我们宣誓“你们的血照亮了路，我们会踏着你们的血迹继续前进，安息吧烈士”。会后，几千人默默地排着整齐的队伍在市内出殡。然后，我们把他们埋葬在大草坪南面，即现在的烈士墓中。我参加了烈士家属的接待工作，当烈士的遗体入土的时候，她们放声大哭，悲痛欲绝，这样生离死别的悲惨情景，我还是第一次遇到。我这才体会到革命不光是唱歌跳舞，而更是严肃的、残酷的、你死我活的阶级斗争。“为有牺牲多壮志，敢教日月换新天”，这事对我影响极为深远，可以说是终生的。每当我因工作需要而牺牲假日时，只要想想他们已经为革命牺牲了整个一生，就会毫无怨言；每当我为个人利益而烦恼时，只要想想他们已经为革命利益而慷慨地抛弃了头颅、洒尽了鲜血，就会觉得很惭愧。

擦干了眼泪，埋葬了战友，化悲痛为力量，我们振作起精神，投入了新的战斗。我们又回来了！我们是学校的主人了！我们是上海的主人了！我们还将是全中国的主人！我们兴高采烈、满腔热情地参加巩固新政权的斗争，打击银圆贩子、协助公安局抓特务、贫民区救灾、南汇农村修海塘、工厂教跳舞……所有这些都离不开宣传党的政策。我原先是个很文静的小女孩，和生人说话就脸红，现在闹市街头拿张凳子跳上去就演说；游行时扭秧歌，从徐家汇到外滩扭个来回，在工厂、中学里，围个百把人的圆圈教跳舞，这些都成了家常便饭。我们在新文治堂和其他工厂、学校的大舞台上唱歌、跳舞，演出了百把场。我们知道，个人的力量是很单薄的，但是把这微小的力量投入到推翻旧社会、建立新中国的斗争中去，却能做出惊天动地的事业来。鲜艳的五星红旗把一百多年来中国的屈辱一扫而光，我们能有幸参加这样伟大的斗争，感到扬眉吐气，无比自豪。

我们毕竟是学生，经过这段急风暴雨般的革命斗争后，党要求我们回到学习中来。我们开始认真地听赵富鑫先生讲物理课，听凌渭民先生讲英语课，听曹凤山先生讲电工课，听徐桂芳先生讲微分方程课。起初觉得有点生疏，好在我们这些有能力考上交大的人，都有一定的基础。于是我们努力啃书本，记笔记，做习题，做实验。我以前读书只是出于无奈，从来还没有那么认真过，可现在是为了建设新中国而学习。由于目的明确，学习用功，曾被评为班上的学习模范。这段时间的学习给我打下了一个扎实的理论基础，培养了我严谨和求实的学习作风，使我终身受益。每天晚饭后，我班同学坐在大草坪上，围成一圈，唱歌、做游戏、听“九头鸟”大喇叭播送的新闻和音乐（我曾任校播音组长），切磋学问，讨论天下大事。晚风习习，飘着泥土和青草味。这些日子过得很充实，也很潇洒，这是真正大学生的生活。

可是好景不长。1950 年 6 月，美国侵略朝鲜，把战火烧到鸭绿江边。10 月，中国人民志愿军赴朝参战。战火烧到了家门口，祖国最可爱的人在流血。日本侵略者的统治刚刚结束，人们对铁蹄下水深火热的生活记忆犹新，平静的校园又掀起了波澜。青年学生热血沸腾，我们又开始到处演说、演出、宣传。为了保家卫国，为了抗美援朝，为了世界和平，我们交大 600 多名学生志愿报名，投笔从戎，其中 300 多名被批准参加中国人民解放军军事干部学校，我是其中的一名。年老的双亲和年幼的弟妹在家里张灯结彩，专门为我开了个家庭送别会。1951 年 1 月 9 日晚上，锣鼓喧天，在人山人海的欢送人群中，我们戴着大红花，在工程馆门口上了车。妈妈从杨树浦赶来，挥泪送我。是啊，女儿养到这么大，多么不易，不知此去何时再能相见。我在心里说："别了，亲爱的妈妈！别了，朝夕相处的同学们！别了，美丽的校园！别了，幸福的大学生活！别了，亲爱的母校！我们会胜利回来的！"

第三次驱使我走出交大的是美国侵略者！

四、梦牵魂绕的地方

我诞生在交大，在这里度过了金色的童年，所以这里是我幼年的摇篮。我大学时读书在交大，在这里为毕生从事科技工作打下了良好的基础，所以这里是我知识的摇篮。我入党在交大，在这里明确了终生奋斗的方向；我参军在交大，从此当了一辈子的兵，所以这里是我政治生命的摇篮。

1979 年，我和同事曾来这里办过学习班，在工程馆的阶梯大教室里向教师们讲过“数字信号处理”。以后又多次来这里参加国际学术交流，做过学术报告。我家从我的父亲到我的兄姊，以及我们的下一代，有 10 多人曾在这里工作、学习。我敬爱的同志长眠于此，我亲密的同学和战友继续奋斗于此。这里的一草一木、一砖一瓦对我来说都是那么熟悉、那么亲切，都能引起我美好的回忆。

上海徐家汇交大校园——我的故乡，我的摇篮，我的母校，我的战场，我梦牵魂绕的地方。

五、广玉兰的启示

昨天，有事去母校那里，顺着上院前的大道慢慢地往前走，见到两棵高大的广玉兰树，就边走边回忆，寻找昔日的梦。小时候，妈妈常带着我们在校园里散步，走得热了或累了，就在这两棵广玉兰树底下乘凉。那时，我望着那挺拔的树干、茂盛而翠绿的叶子、雪白的大花朵，喝着妈妈带的淡淡的果子露，感到无比的清凉和爽快。多年来，无论走到哪里，只要见到了玉兰树，就会想起交大上院门口的那两棵广玉兰。在我心里，这才是世界上最好的广玉兰树。每次去交大，我对这两棵广玉兰树都会多看上几眼。正当我默默沉思时，忽然，一片大广玉兰花瓣从树上落下，差点打着我。看着那焦黄的花瓣，我不禁为她惋惜，她曾经是那样的洁白娇嫩，清纯端庄，可如今却枯萎了，飘落在地，不久还将从地面上消失。正仰首叹息，却见郁郁葱葱的绿叶中竟开着那么多的广玉兰花，美丽高雅，千姿百态，仪态万方，使整个校园显得格外欣欣向荣。是啊！花开花落是广玉兰的规律，我们自己不也有类似的规律吗？当我们为自己的两鬓增添白发而烦恼的时候，不妨举目看看这满园的莘莘学子，那样的朝气蓬勃，生龙活虎，使整个校园充满了欢声笑语，充满了青春的活力。未来是他们的，未来将更加美好。

想到这里，心中感到很宽慰。

吴文俊与交大的情缘

顾伟民[1]

吴文俊（1919—2017），上海人，世界著名数学家，中国科学院院士，1940年交通大学数学系毕业。由于他在拓扑学领域的奠基性工作，并创立了被国际数学界誉为的“吴公式”，获2000年度首届国家最高科学技术奖。2019年9月，获得“人民科学家”国家荣誉称号。

1　作者系上海交通大学原校刊编辑部主任。

11月的北京已寒风习习，一场小雪刚过，让人有一种冬天已经来临的感觉。记者在约定的时间走进中国科学院数学与系统科学研究所吴文俊院士的办公室。吴老正与他的同事热烈地商讨工作，此刻，外面的“冷”与里面的“热”形成强烈的对照。见母校来人后吴老非常高兴，他马上停下手中的工作与我们攀谈起来。

吴老1919年5月出生于上海，今年（2001年）已是82岁高龄，却依然鹤发童颜、双目炯炯。他身穿一件已有点褪色的夹克衫，显得随意和朴实。在握手的一瞬间，记者感到吴老的手粗壮有力，这其中隐藏着他的执着与热情。在交谈中，他思路敏捷，语音洪亮，逻辑严谨，记者深感“吴老并不老”。

对于吴老在科学上的成就，各种媒体都做了较为详细的报道。作为交大刊物的专访，采访中心自然离不开吴老与交大的联系。通过近一个多小时的采访后，吴老与母校的千丝万缕联系的画卷展现在了我们的面前。

一、我从小与交大有缘

吴文俊院士说：“我从小与交大有缘，我的父亲早年就毕业于南洋公学（交大前身）。晚上父亲常给我讲一些大学里的故事。那时家里有很多藏书，这给我看书带来了很大的方便。小时候，我非常喜欢看小说和历史方面的书，在潜移默化中就养成了看书学习的习惯。在读高中时，上海交大的教授又是我们班级里的老师。正是受父亲和交大教师的影响，从小我就对上海交大有了比较深刻的认识。”

1933 年，吴文俊考进上海正始中学就读高中。那时，正始中学一直聘请多位上海交大的教师兼任吴文俊所在班级的数理化教师。在高中的所有课程中，吴文俊最爱好的是物理，只要是物理课他总是听得如痴如醉。教物理的交大赵贻镜老师为了让同学们多学到一点知识，常常会讲一些比较难的物理题目，并且要他们回家去做。要解这些物理难题，光有高中时的数学基础是不够的，于是，吴文俊就开始自学数学。经过一段时间的刻苦钻研，他成了班级里的“数理王子”。高中三年级时，一次物理测试，他得了满分。在过道上，他听见教物理的赵老师与交大的数学老师说：“这次考试的物理题目，其中有两道题非常难，吴文俊能够得满分，说明他的数学基础已非常扎实，这个学生在数学上的潜能无穷。”吴文俊偶然听到老师对他的评价，心里非常高兴。平时教师决不会轻易表扬他们，这对他今后数学上的发展也起到了一定的作用。

升学考试即将来临，学校经与几位交大教师商量后决定，由吴文俊同学报考上海交通大学数学系，李寿义同学报考上海交大化学系，朱南铣同学报考清华大学哲学系。如这三位同学能够考上学校指定的专业，将由正始中学每年提供每人 100 元奖学金。后来这三位同学都以优异的成绩考上了由中学指定的高校和专业。吴老回忆说："当时，我和朱南铣同学原来都想考物理专业，学校指定我们分别考数学和哲学专业一定有他们的道理，因为交大老师对我们每个人的潜能都了解得极为透彻，再说，家庭条件又不宽裕，母亲是个家庭妇女，家里还有两个妹妹需要父亲抚养。中学能够每年给我们100元的奖学金，可谓是雪中送炭，那时的100元可是一个大数目，读交大每学期的学费才30元左右，这对我来说有很大的吸引力。"正是受父亲的影响和交大老师的一路指点，吴文俊在未进交大之前就与交大结下了不解之缘。

二、交大武崇林教授的课使我对数学产生了兴趣

高中毕业后，吴文俊以交大理学院第二名的成绩进入数学系学习。这对常人来说是一个很了不起的成绩了，因为要进交大原本考分就高，更何况是整个理学院的第二名。可吴老对记者说："高考成绩不理想，这对我是一个触动，我明白，要想在交大'出人头地'，只有不断努力才是。"吴文俊是这么想的，也是坚持这么做的，这就是他与常人不同的地方。有些同学在刚进校时也有很多"想法"，但在外界环境的影响下，就会对自己有所放松，一到星期日，大家总是找一些理由慰劳自己，要么外出游玩，要么聚在一起聊天。而吴

文俊有点“独”，他会坐在图书馆里，在几本相关的书上找它们之间的内在联系，试图发现它们之间的关系点。由于吴文俊对自己的要求一直很高，因此他在学习中成绩一直拔尖。在大学一年级的时候，他的数学和物理都有了质的飞跃，他能够根据数学和物理的内在联系撰写论文，完成了一本小册子《力学在几何中的应用》，这是一本用力学方法证明几何定理的书，虽然没有拿出去发表，但为他今后的学习打下了扎实的基础。吴老坦言：“我一直对物理有兴趣，直到现在还是这样。我对数学产生兴趣是在读大三时，当时武崇林教授给我们讲授《高等代数》《实变函数论》《高等几何》等数学课程。武老师讲得形象生动、十分有趣，他不仅追求本质，而且重于解答疑难，精彩极了。从此以后，我就喜欢上了数学。武老师见我对数学有兴趣，就经常从家里带一些数学方面的书给我看，还不时地给我‘开小灶’。在武老师的指导下，我的数学确实有了很大的长进，这些为我今后的成长带来了很大的帮助。”

寒窗四年，吴文俊以出色的成绩完成了大学的全部课程。正当他踌躇满志，要用所学的知识去为社会服务时，他忽然发现当时的黑暗社会根本容不下他一个大学生，那时日本人已占领了上海，大学生已没有了用武之地。闲在家中的吴文俊十分苦恼，过了一段时间，有一位友人说，有人愿意提供奖学金，让他到日本去深造或找一份工作。然而出于强烈的民族气节，他拒绝了。最后在同学的帮助下，他在一所初级中学中找到了一份工作，此后的整整五年，他再也没有接触数学研究，只是偶尔长夜梦醒，才依稀浮现模糊的a、b、c。

正当吴文俊对前途产生怀疑的时候，又是母校的老师和同窗的同学为他伸出了援助之手。

三、母校教师和同窗同学鼎力相助，我的事业有了转机

天无绝人之路。正当吴文俊对自己的前途产生疑虑的时候，大学同窗好友赵孟养出现在他的面前。当得知吴文俊正在为前途焦虑时，赵孟养毅然把自己在一所“临时大学”的助教位置让给了吴文俊。过了几天，赵孟养又来到吴文俊家里说：“教育部马上就要公开招考‘中法交换生’，共有40个名额，其中数学方面有4个名额，这是一个千载难逢的机会，你的数学基础这么好，不妨去试试。”正当吴文俊犹豫不决的时候，上海交大的郑太朴教授专程赶到他的家里，劝他一定要去试试，否则太可惜了。

“我也不知道郑太朴教授怎么会知道我家的地址，我对恩师和同窗好友的热情，真是感激不尽。后来时间匆忙，也没有复习就去参加了考试。”说这段话时，吴老动了感情，语音变得沙哑。

真正给吴文俊带来人生和事业转折的是赵孟养同学。他通过托熟人与各种关系把吴文俊推荐给了我国数学界的很多名人，如苏步

青、朱公谨、周炜良、陈省身等，这些数学界的著名人物在这段时间都先后认识了吴文俊。他们有的是通过阅读吴文俊在大学时所作的有关论文了解了吴文俊的才华，有的是直接与吴文俊进行了交流。当时陈省身教授正在筹建中央数学研究所，他多次与吴文俊进行了交谈，两人谈得非常投机，有相见恨晚之感。1946 年中央数学研究所成立，吴文俊就成了研究所的第一批成员，陈省身教授就成了吴文俊的老师。在短短的一年时间里，吴文俊不负师望，在新兴的拓扑学领域有了突破，对极为复杂、难以弄清的对偶定理做出了一个简单新颖的证明。陈省身教授对自己的学生有如此的成绩大喜过望。此时，吴文俊报考的“中法交换生”的通知书也正好下来，他被录取了。

双喜临门的吴文俊于 1947 年赴法国深造。陈省身教授把他推荐给了法国的拓扑学专家。他先在斯特拉斯堡就读，1949 年就获得了法国国家科学博士学位，后又在法国国家科学研究中心研究数学，在拓扑学领域做出了奠基性的工作，他的解题方法被国际数学界公认为“吴公式”。1951 年，他谢绝了法国师友的盛情挽留，毅然回到了刚刚成立不久的新中国。

“如果没有交大郑太朴教授和大学同学赵孟养的指引和热心推荐，如果没有交大朴实无华的学风为我打下良好的数理基础，我不会有今天的成绩。每每回想起这一切，我就会想到母校，想到我的恩师和我的同学”，吴老在说这段话时显然有点激动，看得出他对母校的眷恋，对教师、对同学的感情溢于言表。

四、我为母校祝福

在采访中，记者对吴老说：“今年2月您获得了首届中国最高科技奖的消息传到母校后，大家奔走相告，母校的师生们欢欣鼓舞，为您在数学机械化领域所取得的辉煌成绩而感到由衷的高兴。”他愉快地笑了，“母校时刻关注着我们，我也时刻关注着母校。我为母校祝福，并再次感谢母校对我的关心”。

确实是这样，在上海交大百年校庆的时候，吴老专程回到母校看望了老师，与同学们进行了座谈。2000年，他回母校参加了数学系1940届毕业60周年联谊会。2001年，他又从百忙中抽出宝贵的时间，为母校师生做学术报告。吴老说：“我很少回上海，但是，一旦回了上海我必须要做的一件事情，那就是回母校看看，然后去看望在我的事业中给我带来极大帮助的赵孟养同学。我们之间的友情是非常深厚的。我们在一起常回想起大学时的情景，并可以从他那里了解一些母校的情况。”

在谈到上海交大的数学学科建设时，他阐述了自己的观点：“上海交大是个在工程技术方面很强的高校，而数学与这些方面有紧密的联系，我们不要太追求纯而又纯的数学，应与某一个方面相联系。比如力学与数学就是平行发展的，我们要看到它们的联系之处，而不要把某一门学科孤立起来，对数学要加深理解。我希望母校能够继续保持朴实无华的学风。”当记者问他对交大的学生最想说的一句话是什么时，吴老回答说：“我说不好，做一个对国家有用的人总是对的。”

此刻，我想起吴老曾经讲过这么一句话。他说，在他读书时，他的老师就对他说：“你现在的成绩是在大量学习、吸收前人成就的基础上取得的，你欠了债，应该还债。”于是，他做研究、写著作、带学生，就是在向社会“还债”。他对交大学生说的“做一个对国家有用的人总是对的”就是他的“还债”思想的核心内容。他就是希望交大的学生今后能够加倍努力工作，回报祖国，回报社会，回报母校。朴素的语言，深刻的道理。

采访临近结束，记者请吴老为读者写一句话，他想了想，拿起笔在一张白纸上欣然写道：《交大通讯》是母校联系校友的桥梁，衷心祝愿《交大通讯》越办越好。

黄旭华与中国核潜艇

顾伟民[1]

黄旭华，1926年生，广东揭阳人，船舶制造、核潜艇研究设计专家。1949年毕业于交通大学造船工程系。先后在华东军管会船舶建造处、上海市招商局、上海市港务局、船舶工业管理局、国防部第七研究院719所工作，历任中船重工719所所长、名誉所长。1994年当选为中国工程院院士。1985和1996年两次荣获国家科技进步特等奖。2019年被授予“共和国勋章”。2020年获国家最高科学技术奖。

1　作者系上海交通大学原校刊编辑室主任。

“自从有了核潜艇，霸权主义者就再也不敢小看我们。”中国核潜艇总设计师黄旭华院士在接受记者采访时说的这句话，把核潜艇的重要性描绘得十分到位。

核潜艇是以核反应堆为动力的潜艇，它是集海底核电站、海底导弹发射场及海底城市于一体的海底流动体。当国家领土受到核攻击时，核潜艇可隐蔽在海洋底下几百米深处对侵略者进行核报复，使侵略者遭到毁灭性打击。因为核潜艇有其重要的特殊作用，所以很多发达国家都在研制它。我国是20年前，继美、苏、英、法后第五个研制成功核潜艇的国家。早年毕业于上海交通大学船舶工程系、曾任核潜艇研究所所长的黄旭华是这一伟业的总设计师。

一、少 年 立 志

1926年，黄旭华出生在广东省海丰县，在9个兄弟姐妹中排行第三。黄旭华的父母都是村里的个体医生，他们没有上过正规的医学院校，在医疗中常会遇到一些难题而无法解决。为此，他们教育孩子们无论如何都要用功读书，要争气。旧中国的海丰人很穷很苦。母亲替人接生遇到贫穷人家掏不出接生费，她就会笑一笑说，“让孩子以后叫我一声干娘吧”。因此，黄旭华的母亲有数不清的干儿干女。父亲除行医外，为了生计也兼做一些贩米的生意。哪户人家揭不开锅了，父亲总是尽力接济他们。受父母救死扶伤、乐善好施的影响，黄旭华从小立下志向，长大后要当一名有真才实学的医生，救治天下穷苦的病人。为此，他努力学习。不久，抗战爆发。为避日寇，学校搬进了山沟。那里没有课桌，没有灯，吃的是瓜菜，睡的是地铺，外面常有枪声、炮声传来。在如此困难的条件下，黄旭华仍牢记父母的教诲，坚持用功读书。不久，日寇在海丰登陆，学校停办。黄旭华辗转来到当时的抗日文化中心——桂林。在桂林中学，他读完了中学课程。

二、人生观的确立

从海丰到桂林，黄旭华一路目睹同胞遭遇敌机轰炸的惨状，眼见祖国大地的满目疮痍，他毅然放弃了学医继承父业的念头，决心学习航空或造船技术，走科技报国之路。不久，他以优异的成绩考进上海交大造船系。“在交大，我参加了党的外围组织山茶社，后成为该社负责人，积极从事抗日救亡的学生运动和文艺宣传活动，同时秘密读了许多进步书籍，思想豁然开朗。后在地下党组织的教育引导下我加入了中国共产党，从此以后，自己的前途和国家的命运就紧密地联系在一起了”，黄院士回忆说。

新中国成立不久，帝国主义与反动派相互勾结，企图把新中国扼杀在摇篮之中。为了巩固新生政权，保卫世界和平，防止核讹诈，1958年，聂荣臻元帅向中央打报告请求发展核潜艇。报告很快批下来，核潜艇的研制工作马上进入准备状态。1959年，赫鲁晓夫访华，中国提出希望苏联帮助发展核潜艇。赫鲁晓夫的态度非常傲慢，他说，“核潜艇在技术上非常难，花钱又非常多，你们中国搞不出来，只要我们苏联有了，大家建立联合舰队就可以了”。毛主席听后，说了至今仍为核潜艇战线职工们所津津乐道的一句话，“核潜艇，一万年也要搞出来”。为此，中国走上了独立自主研制核潜艇的征途，同时也决定了黄旭华的人生走向——隐姓埋名研制核潜艇。

据黄旭华院士介绍，当时，上级选中他来搞，是看他有船舶制造专业的学历和几年仿制苏式常规潜艇的经历，“说实话，我知道的核潜艇，就像古希腊人谈宇宙一样混沌一片，只知道核潜艇是以核能为动力的潜艇，其他一无所知”。“组织上调你做这种默默无闻而又风险极大的工作，你不会有思想波动吧”，记者插问。黄院士听后笑着回答说：“那时领导对我说了三点，一是党和国家信任你，二是这个工作领域进去了就出不来，三是一辈子出不了名，当无名英雄。我听后欣然答应了。那时确是没有名利思想，只想尽快投入到研制工作中去。”从那时起，黄旭华就没有回过老家，也很少与家里通信，亲属和朋友都以为他消失了。

三、临危受命走马上任

黄旭华和战友们一起，在一张白纸上开始了艰难的创业。他们把一位同志从香港买来的一艘美国核潜艇玩具模型拆了又装，装了又拆。至于“真家伙”的具体数据和内部结构，则一无所知。1961年黄旭华被任命为海军核潜艇研究室副总工程师（未设正总工程师）。1963年，因我国核工业尚未取得突破性进展，核潜艇工程不得不暂时下马。

1964年10月，我国第一颗原子弹爆炸成功。1965年，黄旭华向有关部门写报告，建议恢复核潜艇研制。中央很快批复同意这项工程重新上马，黄旭华被任命为专事核潜艇总体设计的六机部七院10所副总工程师（没有正总工程师）。实际上，他就成了我国核潜艇研制的主持人、总设计师。

四、黄总毅然拍板，一锤定音
——“什么大陀螺？我们不装！”

黄旭华重新走马上任后，和战友们一起“啃”了大量的资料与高深的学术论文，也看到过几张核潜艇外形的照片。可是核潜艇是个最高绝密等级的东西，论文不仅去头截尾，而且是真中有假，假中有真。在设计我国第一艘战略导弹核潜艇的时候，据一篇权威资料透露，为保证水下发射的命中率，对艇的平稳性有很高的要求，因此必须设计一节房舱来放置一个 65 吨重的大陀螺。这不仅会扩大艇的体积，还会影响艇的速度。他们经反复试验，得到的大量数据表明不需要这个陀螺。但大家很难下决心。“人家技术比我们先进都用，我们敢不用？”“发射时翻了艇谁负责？”“打不中目标谁负责？”大家争论不休，最后，黄总毅然拍板，一锤定音，“什么大陀螺？我们不装”。后来发射时艇稳得像陆地，摇摆角、纵倾角、偏航角都接近于零！——他们成功了。

记者问黄旭华：“当时有没有考虑过，若失败了，对自己的名誉、地位会有什么影响？”黄总回答说：“我们是独立研究，不是抄袭，既然我们的实验数据证明可以不装，那就应该不装，当时我就怀疑外国是否真的装了。果然不出所料，后来得到的资料表明，他们也没装。他们摆下迷魂阵，我们差点上当！至于个人的名誉在价值数亿的核潜艇面前算得了什么？我只不过是尊重科学，服从真理，对我们自己的研究结论有信心罢了。”

五、三步并一步走，成功拿下“水滴型”设计

高速航行在海洋深处三四百米水下的核潜艇，外形不能用常

规潜艇的线型而只能用水滴型。水滴型每个切面都是圆，与水的摩擦系数最小，而且在航行时的稳定性最好。但是，水滴型的设计会使核潜艇的操纵性差一点。美国在核潜艇的外形设计上采用了三步走——常规动力水滴型，核动力常规线型，最后才研制成功核动力水滴线型。开始，不少设计人员也主张按照美国人的搞法，分三步走。可黄总认为，既然有了别人的成功经验，不必再一步一步跟在别人后面跑，应该充分相信自己的能力和技术力量。于是，他带领设计人员一头扎进了实验室，获得了几万个有关数据，终于解决了核潜艇的操纵性难题，使我国的核潜艇外形设计一步到位。

回忆起搞核潜艇研制的那段艰苦岁月，黄旭华仍然感慨不已。那时还没有计算机，成千上万个数据都是算盘、计算尺一个个算出来的，为了一个数据经常工作到深夜。那时候副食品供应也很差，每人每月两斤大米、两斤标准面粉，其余都是粗粮。菜桌上不仅肉不多，就是青菜也很少。黄总至今还记得，研究所食堂最常见的菜谱是中午辣椒炒茄子，晚上茄子炒辣椒。但是，大家没有一点怨言。后来“文革”开始，许多设计人员白天挨批斗，晚上搞设计，黄总也未能幸免，关进了“牛棚”被罚去养猪。就在核潜艇研制受到最大干扰时，“尚方宝剑”到了，中央发出了关于保证核潜艇的研制工作正常进行的指示。此后，研制工作的进程大大加快。1974 年，我国第一艘攻击型鱼雷核潜艇正式交付海军使用。1981 年，我国第一艘战略导弹核潜艇顺利下水。至此，中国海军的武器装备有了一个质的飞跃，国防实力显著增强了。

六、我和你们一起下 300 米极限深度，我有把握你们不用怕

1988 年，一种新型的核潜艇要在南海做 300 米深潜试验，这是一个非常危险的试验。懂行的人都记得，20 世纪 60 年代初，美国核潜艇“长尾鲨”号做深潜试验时发生艇毁人亡的一幕。为了不让悲剧在中国重演，黄旭华与同事们检查了每一块钢板、每一条焊缝、每一根管道……在确定万无一失以后才开始试验。当时，一百多位要下水参加试验的官兵都做好了为了祖国而牺牲的准备。为了给试验人员增加信心，按规定可以不下水的黄旭华坚持亲自下艇。他说：“我和你们一起下 300 米极限深度，我有把握，你们不用怕。”

核潜艇下水了。100 米、200 米、250 米、280 米，这时，核潜艇的艇壳每平方厘米要承受近 30 公斤的压力，巨大的水压挤得核潜艇多处发出“咔咔”的响声，在海底深处听起来令人毛骨悚然。这时，大家都看着黄总。黄旭华仍然镇定自若，笑眯眯地说：“我们自己造的艇是世界上最好的艇。”并继续指挥试验人员记录各种数据，命令核潜艇继续下潜。290 米、300 米，深潜试验成功了！大家欢呼

雀跃。黄旭华也成为世界上核潜艇总设计师亲自下水做深潜试验的第一人。

七、要学会综合，综合就是创造

记者问黄旭华："我国第一艘核潜艇是否比美国第一艘核潜艇造得好？"

"对，比他们第一艘好"，黄总加重语气又说道，"我们信心很足，第二代就想赶上他们"。

记者又问，"中国的科学技术比美、英、法等落后，这是一个事实。为什么中国能把核潜艇这个尖端技术搞成？""用创造性思维进行综合，综合就是创造"，黄院士回答，"外国人发明计算机上的二进制，不过是把中国非常古老的八卦与数学上常规的进位制知识综合了一下。美国的北极星导弹和阿波罗宇宙飞船，没有一项是新技术，全是现有常规技术的综合。关键是看你怎么综合"。

结束采访，已是繁星满天。走在路上，记者看见绿树繁茂，大楼耸立，霓虹灯光闪烁，孩子们在欢快嬉戏，情侣们在悠然散步……新中国冲破了各种艰难险阻，像一个伟大的巨人巍然屹立在世界的东方，靠的就是千千万万个像黄旭华那样的优秀儿女来建设、来创造。他们就是鲁迅先生所讲的"中国的脊梁"！

黄金岁月

顾诵芬

顾诵芬，1930 年生，江苏苏州人，交大 1951 届航空工程系校友，中国科学院院士，中国工程院院士。飞机设计专家，中国自行设计、制造的高空高速歼击机的主要技术负责人之一，被誉为“歼 8 之父”。

我在交大读书时时局比较乱。1947 年，上半年“反饥饿、反内战、反迫害”运动，我们班上有一半以上的同学参加，同学们自己开火车去南京请愿，到 6 月份平息下来，这些同学的功课耽误了一段时间，学校规定，让他们 9 月以后补课。这样，我们虽然是 7 月份入学考试的，但 9 月不能上课，一直拖到 12 月初才开学。当时交大在上海是学生运动“反饥饿，反内战”的一面旗帜。我在南洋模范上中学的时候，对交大的作风、办学情况就了解得比较多。抗战刚胜利的时候，南模房子小，曾把我们高二学生（只有一个班）安排到交大老南院宿舍底下一间房去上课，这样我们高中还在交大念了一年。因为我父亲（顾廷龙）、叔叔都念的是交大，所以我考大学时最后还是决定念交大。

考进交大后，一年级的课（数学、物理）和别的班一起上。我在一年级时印象最深的是，物理实验抓得非常紧。一方面，出勤不能迟到早退；另一方面，写实验报告一定要按规则办，绝对不能随便写，有的学生偷懒凑两个数据，被老师发现后要狠狠批评。一年级上物理课时，我接受了严格的训练——有效数字控制严格，不能胡乱加减。

我觉得受益最大的，还是二年级。二年级最基本的两门课，一是应用力学（现在叫工程力学），一是材料力学，这两门课都是航空系教授季文美先生教的，我受益很大。后来在工程实践中，我感到得到了这两门课很好的训练。

季先生讲课突出基本概念，先讲解问题的来由，还联系工程实际，讲将来可能遇到些什么问题，然后让我们去运算。交大对工程运算要求严格，譬如说，二年级学生必须得有把算尺。对大学生来说，当时买把算尺不容易，特别是进口的，美国的 KME 算尺合 30 美元一把。KME 公司在上海有个门市部，家境比较好的同学就去那里买。家庭实在困难的学生则买九江英士大学某老师做的算尺，那是竹子做的，上面贴有照相纸照的刻度，很粗糙。我们连这个也买不起，等高班同学临毕业时再向他们买。当时中院和上院之间有一个用木板做的布告栏，到毕业时，毕业班同学就贴条子卖书等。我去看了布告，用一小旅行包的钞票换买了一把算尺，这算尺现在还在家里。那时候的钱贬值，比方说，如果家在四川的同学要卖一把尺，我的那一包钱可能刚够他回家的路费。那一年整个暑假中我就练算尺，用得比较熟，除了能够加减外，还能够乘除，算题的速度是最快的。当时交大许多学生用算尺比较熟练。到二年级，教应用力学的季先生选的课本是美国书。他讲得非常清楚。我从学校毕业以后，搞飞机设计，碰上一个难题，就是喷气式飞机万一出事，飞行员怎么自救？这得用弹射座椅，连人带椅子一起弹出来。这个技术的运用，当时就根据最基本的力学原理（也没有现成的资料）进行初步估算，最怕的就是飞行员弹出时碰到飞机的机身。我印象深的就是季先生教的这些知识。后来材料力学也一样，因为后来搞工程，总得估算一下材料结构能不能承受得了。我觉得经过这些基本的训练后，为我以后当工程师打下了比较好的基础。

三年级教我们飞行力学课的是曹鹤荪教授。他和季先生是同班同学，都是从国外留学回来的。曹先生的思路比较清楚，他把一些问题都提炼成了基本的数字模型。比如说算飞机的飞行性能，最简单的是要知道飞机的阻力特性，近似抛物线。另外，发动机推力特性又是一个近似直线，所以他提问“抛物线和直线相交以后，你能分析出它多少特性”，这是一般教科书上找不到的，他出这样的题目，使得你对飞行力学的基本概念弄得比较清楚。

四年级时，我们学的还有螺旋桨的内容，但老师很注意讲解新的知识，尽量诱导、启发学生。那时的螺旋桨飞机飞行速度很低。1950 年上海“二六”轰炸后不久，我国的空军和苏联的空军一起守卫上海，喷气式飞机来了。1950 年 4 月 8 日校庆，学校一天拉了 4 次警报，国民党的飞机还没进上海市区，就听到了喷气飞机的声音。关于喷气飞机怎么制造，我们只在杂志上看到一些介绍，不知道更多的知识。当时交大请了几位老师，一个是从英国回来的史纪进先生，他讲喷气式发动机。还有一位是杨方基老先生，我们赶紧买指定的书——《喷气式飞机空气动力学》。那本书是交大要求出版部门影印的，直到现在还是经典之作。当时交大还规定，只有四年级以上的学生才能进学校图书馆参考室看国外的最新杂志。

所以在交大4年，我接受了良好的教育，受到了很好的熏陶。因此，毕业以后，工作还是比较顺利的，各种工作都能胜任，特别感到学校教的那一套研究问题的方法，给我们指了路。我们开始设计飞机的时候，在学校里没学过。最突出的问题是，喷气式飞机的进气道怎么设计，当时没有现成的数据。1956年，我开始搞飞机设计，当时北航张桂联教授有些国外的这方面的研究资料。我看了以后，提炼了一些方法，基本上还是运用了交大教的那一套解决工程问题的方法。所以感到学校的训练，对自己后来的工作用处很大。后来发现，苏联那套教育制度，其好处就是非常具体，非常结合当时的实际。那时我们用的都是苏联图纸，我刚去的时候还看不明白，因为那一些标准我们在学校里没有学过，我们学的都是英美标准。后来苏联专家给了我们一套苏联的制图规范，很快就看明白了。航空学校毕业的学生都能比较快地接受这套规范，因为学校里教的就是这些知识，画图也是按照这些规范，比较死板，但要再变化就有困难。后来他们转到要完全自己搞飞机设计，就不像交大培养的学生那样容易适应新的变化。因此我觉得，专业不能太死，还是要把基础打扎实，学校应该教会学生怎么处理和研究问题的方法。交大有严格的要求，从一年级的物理实验报告，到大四的毕业设计，老师都把关比较严格。当时各种实验报告，都得一丝不苟地用英文书写。在交大，英文的阅读训练、写作训练以及口语训练都比较多。学校能在这方面给学生打好基础，学生毕业以后，工作起来肯定会受益匪浅。

我进交大时，从重庆复员回来的同学经济更困难些，冬天都穿救济总署发的黑棉袄。很少同学穿得西装革履的。当时有一部分同学搞学生运动，很关心大家的事，还有一批同学比较钻研。学生很少出去玩，不像私立大学，动不动就开 party，这在交大很少。

我考交大那年考试题目不算太难。那时候我报考的 3 个学校，浙大题目最难，数学 5 道题能答上 2 题就不错了，我考的分数大概也很低，不过也考取了。清华的题目最容易，我很容易地就对付过去了。我没去清华读书，是因为父母只有我一个孩子，母亲不让。考交大的难度中等，还要经过一次口试。那年考航空系的人不多，口试时，都是系领导亲自考查学生，我是曹鹤荪先生考的。问了些问题，其中问到拉丁美洲一些国家的情况。

航空系的系主任是王宏基先生，他家在上海，后来到西工大任教授去了。这几位先生原来都是交大的，也都是从意大利留学回来的。曹鹤荪先生当过交大的教务长，季文美先生当过总务长，文治堂是他向校友募集捐款，一手建起来的，很不容易。刚解放，交大开设了政治经济学、社会发展史等大课，请一些有名人士来文治堂讲课，如上海市委的宣传部部长兼上海市政府秘书长徐平羽、经济学家孙冶方等名人都来作过报告。那时文治堂还没完全建好，会场内的凳子是用木料临时搭的。

1949年下半年，国家建设急需交大的学生，特别要航空系的学生，学生中有一大部分人没有毕业就报名参军参干。抗美援朝期间，航空系有一半同学去参军了，当时20多名学生只剩下10人。而对四年级的学生来说，差半年就要毕业了。同学们保卫祖国的热情非常高，他们并不在乎有没有学位。

我们这一代人的道路不平坦，因为机遇很少，不少人不能在航空系统很好发挥作用，比较可惜。我们许多人毕业后被分配到航空系统，以后因政审特别严格，又被调出航空系统。现在有一位院士蔡睿贤，是交大毕业的，原先他学航空，后因政审不合格而被调出来，最后在交大学燃气轮机、热工学，学得非常好，毕业时被分配到科学院的动力工程研究所。他于1992年当选为院士。

本来交大还会出更多航空系统的人才，由于政审过于严格，许多人不能从事这些工作，当时的社会环境就是如此，那也没办法。我们班上学习最好的一位同学叫陈伟彬，1950年参军到部队预校的时候，因家庭出身没有通过政审，受到挫折。复员上海后，被分配到一所中学教物理课，当然教物理课对他来讲是太容易了。这位同志工作一向很认真，学习也认真，教得非常好，1953、1954年有几家报纸发表文章介绍他的事迹。后来他当了中学的校长。我觉得，如果他干我这一行，可能干得比我还要好得多。

还有一位与我比较好的同学王传裘，学习很好，也很不顺。他1950年参军后，在哈尔滨航校教书，教书中还有创造，1953、1954年立过功。后来要组建地空导弹部队，密级非常高，把他选去了，于是我们就不再联系了。直到1977年他来北京学习，我也有个出国任务在北京集训，于是两人碰见了，交流了一下情况。因为他英文很不错，当时空军英文好的人不多，他就在学校教英文培训学员。他对军事运筹学颇有研究。到20世纪90年代初，他们空军规定"到60岁必须退居二线"，他就退下来了。其实，他还是那所学校的博士生导师。

我们班的屠基达同学，1994年选为工程院院士。他原来比我高一班，后来生病了休学一年，跟我们一起毕业。毕业后，他在哈尔滨飞机工厂做修理工作，工作非常出色，被评为"劳动模范"，担任设计科长。1956年，他到沈阳和我在一个飞机设计室工作。1959年，他被调往成都工作。"文化大革命"中挨批斗，由于他没有什么历史问题，所以没多久便解放了。他主要从事设计歼-7飞机。当时苏联和西方国家对我国搞封锁，所以一有机会就派他出国考察，有一次，陈锡联率领的军事代表团到朝鲜考察，他参加了。当时朝鲜有新的米格-21飞机，他就去看了个仔细，回国后，他搞歼-7飞机很成功。但是空军在那里犹豫用还是不用，他想了个办法，把他的成果外销，卖了好几亿美元，成就非常大。

庄逢甘是我们老师一辈的交大校友，1946 年交大毕业，1950 年以优异的成绩获得美国加州理工学院博士学位，回国后在交大任教，后来任中国科学院数学研究所副研究员、哈尔滨军事工程学院教授。1950 年，他不在交大航空系教书，而是在数学系当副教授。我们想了解国外的情况，一天晚上他跟我们长谈了一次，收获很大。记得 1951 年我们毕业时，他也离开交大，到北京中国科学院应用数学所去了，以后在哈军工教书。1956 年建五院的时候他到北京来了，有些高速空气动力学的问题我还向他请教过。他在美国就受到钱学森的教诲，回国后又在钱学森领导下搞空气动力学，工作非常出色，在航空科技方面做出很大贡献。现在神舟飞船的好多技术问题，都是他帮助解决的。

我父亲 1926 年至 1927 年在交大，只待了一年。“五卅”事件后学生罢课，他就离开交大了。而且他喜欢的还是文科，转到群治大学（私立）学文学，是要师从胡朴安老师去的，这位老师是搞文字学的。父亲在群治大学拿到文凭后，就考了燕京大学研究生，得到硕士学位。当时他念交大的时候，也是学生运动比较热的时候。陈虞钦就住他们楼上，年纪很小。

我是 1939 年回到上海的，当时还很小。先是住在复兴公园附近的复兴路上，后来搬到现在的长乐路和富民路交界处住。1941 年到1951年的10年，我都住在那里；去交大上学都是走去的，走小路，走20多分钟，最多30分钟。我没住校，直到毕业那年，同学们非要我当班长不可。当班长事情可多了，那时候也算“改革开放”吧，师生要有沟通，另外，老师要听学生的意见。老师白天没有时间，只有晚上，这样我住校住了两个礼拜。我住在执信西斋，一屋住3个人，上下4个铺，书桌也很小。后来我请另一位同学当班长，当时我们班就剩10个人，分3个组，分别搞空气动力、结构、发动机。

火箭设计师王希季院士

周聚泰[1]

王希季，1921 年生，白族，云南大理人。1942 年毕业于西南联合大学，1955—1965 年在交通大学任教。火箭总体、航天器系统、航天返回技术专家、中国空间技术开创者之一、中国科学院院士，1999 年被授予“两弹一星”功勋奖章。

1 作者系上海交通大学校友。

1999年9月18日，中共中央、国务院、中央军委在北京人民大会堂隆重举行大会，表彰为研制“两弹一星”做出突出贡献的科技专家。当听到朱镕基总理宣读的功臣名单中有我的老师王希季教授时，我心情十分激动，为老师获此殊荣而高兴。回首往事，历历在目。

1958年，中共上海市委决定研制火箭。据此，由交通大学、复旦大学、同济大学抽调优秀毕业生和教师成立力学班。我当时就读于交大船舶动力系，被派到力学班学习。王希季教授主讲火箭发动机原理，何友声老师主讲空气动力学。两位老师讲课认真，讲解深入浅出。力学班经过“单科独进”的学习，集中在新上院，在王希季领导下，开始了中国第一代火箭的设计。交大的学生负责设计发动机及其动力装置、控制部、战斗部，同济的学生负责弹体结构的设计，复旦的学生负责弹道的计算。我负责液体火箭发动机的充装系统的设计。我带领3个人到杭州制氧机厂做“杜瓦瓶”液氧损耗试验。

为了火箭早日升天，王老师和年轻人一样加班加点。他穿着一件洗得发白的蓝布大褂工作服指导我们设计，解决难点和纠正错误。记得我设计“杜瓦瓶”圆柱体外壳的法兰环，为了追求美观，把环放在圆柱体内侧。王老师一看就笑了，他说，“工人不能到圆柱体里面上螺丝”。

在王希季和何友声等老师的指导下，我们顺利完成了火箭的试制，在上海郊区发射成功，当时为了保密，新闻媒体没有报道，可是被在东海捕鱼的日本渔民看到了，第二天日本报纸就报道“中国成功地发射了火箭”。

为了纪念此事，1999 年上海市在当年的发射地立了一块纪念碑，王希季亲自到上海为立碑揭幕。

上海火箭成功发射后不久，王教授及其所领导的研究机构成建制地调到北京，归属航天部管辖。1970 年 4 月 24 日，随着一曲《东方红》的旋律通过广播电台在神州大地回荡，王希季教授领导研制的“东方红”一号人造地球卫星发射成功了，它扬了中华民族的志气，壮了国威。

当时，我也被调到北京，在国防科委规划计划局工作。我常到航天部去看望恩师，每次见面他都谆谆教导我要好好工作，报效祖国。在“文革”期间，李勃仲教授到北京出差，王希季在北京东安市场东来顺饭店宴请李教授，我出席作陪。席间两位老教授话叙别情，侧重船舶动力系情况。李教授在“文革”中受冲击，心情不好，王劝说他不要怕，要相信党，要抓紧时间把《船舶内燃机》一书写出来，一定要署名。有一次选举北京市人大代表，王希季是候选人，我到中国空间技术研究院投了恩师一票。此时的王老师已是满头白发，但身体硬朗，思维敏捷，他握着我的手说，“回首往事，力学班的功绩不能磨灭，在交大积累了很多宝贵资料，你当年绘制的液氧损耗曲线还在用”。

1999 年 9 月 19 日,《深圳商报》头版头条刊登了江泽民主席授予王希季“两弹一星”功勋奖章的大幅照片，江主席把奖章挂在王教授身上。这是最高奖赏。我记得陶爱珠副校长来深圳与交大校友共度“交通大学百年华诞”时，提起江主席曾说“我毕业于徐家汇那个交通大学”时，交大校友报以热烈掌声。这张照片有历史意义，两位都是交大校友，一位是国家主席，一位是“两弹一星”功臣，十分珍贵。我建议将此照片放大放在校史室内，让它激励后人前进。

最后一次系统谈话
——谈科技创新人才的培养问题[1]

钱学森

钱学森（1911—2009），祖籍浙江杭州，生于上海。1934年毕业于交通大学机械工程学院，先后获得麻省理工学院硕士，加州理工学院航空、数学博士学位。世界著名科学家、空气动力学家、中国载人航天事业奠基人，中国科学院、中国工程院院士，“两弹一星”功勋奖章获得者。

1 原文刊载于顾吉环、李明、涂元季编《钱学森文集》（第6卷），国防工业出版社2012年版，第418—421页。

今天找你们来，想和你们说说我近来思考的一个问题，即人才培养问题。我想说的不是一般人才的培养问题，而是科技创新人才的培养问题。我认为这是我们国家长远发展的一个大问题。

今天，党和国家都很重视科技创新问题，投了不少钱搞什么“创新工程”“创新计划”等，这是必要的。但我觉得更重要的是要具有创新思想的人才。问题在于，中国还没有一所大学能够按照培养科学技术发明创造人才的模式去办学，都是些人云亦云、一般化的，没有自己独特的创新东西，受封建思想的影响，一直是这个样子。我看，这是中国当前的一个很大问题。

最近我读《参考消息》，看到上面讲美国加州理工学院的情况，使我想起我在美国加州理工学院所受的教育。

我是在20世纪30年代去美国的，开始在麻省理工学院学习。麻省理工学院在当时也算是鼎鼎大名了，但我觉得没什么，一年就把硕士学位拿下了，成绩还拔尖。其实这一年并没学到什么创新的东西，很一般化。后来我转到加州理工学院，一下子就感觉到它和麻省理工学院很不一样，创新的学风弥漫在整个校园，可以说，整个学校的一个精神就是创新。在这里，你必须想别人没有想到的东西，说别人没有说过的话。拔尖的人才很多，我得和他们竞赛，才能跑在前沿。这里的创新还不能是一般的，迈小步可不行，你很快就会被别人超过。你所想的、做的，要比别人高出一大截才行。那里的学术气氛非常浓厚，学术讨论会十分活跃，互相启发，互相促进。我们现在倒好，一些技术和学术讨论会还互相保密，互相封锁，这不是发展科学的学风。你真的有本事，就不怕别人赶上来。我记得在一次学术讨论会上，我的老师冯·卡门讲了一个非常好的学术思想，美国人叫“good idea”，这在科学工作中是很重要的。有没有创新，首先就取决于你有没有一个“good idea”。所以马上就有人说：“卡门教授，你把这么好的思想都讲出来了，就不怕别人超过你？”卡门说：“我不怕，等他赶上我这个想法，我又跑到前面老远去了。”所以我到加州理工学院，一下子脑子就开了窍，以前从来没想到的事，这里全讲到了，讲的内容都是科学发展最前沿的东西，让我大开眼界。

我本来是航空系的研究生，我的老师鼓励我学习各种有用的知识。我到物理系去听课，讲的是物理学的前沿，原子、原子核理论、核技术，连原子弹都提到了。生物系有摩根这个大权威，讲遗传学，我们中国的遗传学家谈家桢就是摩根的学生。化学系的课我也去听，化学系主任L·鲍林讲结构化学，也是化学的前沿。他在结构化学上的工作还获得诺贝尔化学奖。以前我们科学院的院长卢嘉锡就在加州理工学院化学系进修过。L·鲍林对于我这个航空系的研究生去听他的课、参加化学系的学术讨论会，一点也不排斥。他比我大十几岁，我们后来成为好朋友。他晚年主张服用大剂量维生素的思想遭到生物医学界的普遍反对，但他仍坚持自己的观点，甚至和整个医学界辩论不止。他自己就每天服用大剂量维生素，活到 93 岁。加州理工学院就有许多这样的大师、这样的怪人，决不随大流，敢于想别人不敢想的，做别人不敢做的。大家都说好的东西，在他看来很一般，没什么。没有这种精神，怎么会有创新！

加州理工学院给这些学者、教授们，也给年轻的学生、研究生们提供了充分的学术权力和民主氛围。不同的学派、不同的学术观点都可以充分发表。学生们也可以充分发表自己的不同学术见解，可以向权威们挑战。过去我曾讲过我在加州理工学院当研究生时和一些权威辩论的情况，其实这在加州理工学院是很平常的事。那时，我们这些搞应用力学的，就是用数学计算来解决工程上的复杂问题。所以人家又管我们叫应用数学家。可是数学系的那些搞纯粹数学的人偏偏瞧不起我们这些搞工程数学的。两个学派常常在一起辩论。有一次，数学系的权威在学校布告栏里贴出了一个海报，说他在什么时间什么地点讲理论数学，欢迎大家去听讲。我的老师冯 · 卡门一看，也马上贴出一个海报，说在同一时间他在什么地方讲工程数学，也欢迎大家去听。结果两个讲座都大受欢迎。这就是加州理工学院的学术风气，民主而又活跃。我们这些年轻人在这里学习真是大受教益，大开眼界。今天我们有哪一所大学能做到这样？大家见面都是客客气气，学术讨论活跃不起来。这怎么能够培养创新人才？更不用说大师级人才了。

有趣的是，加州理工学院还鼓励那些理工科学生提高艺术素养。我们火箭小组的头头马林纳就是一边研究火箭，一边学习绘画，他后来还成为西方一位抽象派画家。我的老师冯·卡门听说我懂得绘画、音乐、摄影这些方面的学问，还被美国艺术和科学学会吸收为会员，他很高兴，说你有这些才华很重要，这方面你比我强。因为他小时候没有我那样的良好条件。我父亲钱均夫很懂得现代教育，他一方面让我学理工，走技术强国的路；另一方面又送我去学音乐、绘画这些艺术课。我从小不仅对科学感兴趣，也对艺术有兴趣，读过许多艺术理论方面的书，像普列汉诺夫的《艺术论》，我在上海交通大学念书时就读过了。这些艺术上的修养不仅加深了我对艺术作品中那些诗情画意和人生哲理的深刻理解，也学会了艺术上大跨度的宏观形象思维。我认为，这些东西对启迪一个人在科学上的创新是很重要的。科学上的创新光靠严密的逻辑思维不行，创新的思想往往开始于形象思维，从大跨度的联想中得到启迪，然后再用严密的逻辑加以验证。

像加州理工学院这样的学校，光是为中国就培养出许多著名科学家。钱伟长、谈家桢、郭永怀等等，都是加州理工学院出来的。郭永怀是很了不起的，但他去世得早，很多人不了解他。在加州理工学院，他也是冯·卡门的学生，很优秀。我们在一个办公室工作，常常在一起讨论问题。我发现他聪明极了。你若跟他谈些一般性的问题，他不满意，总要追问一些深刻的概念。他毕业以后到康奈尔大学当教授。因为卡门的另一位高才生西尔斯在康奈尔大学组建航空研究院，他了解郭永怀，邀请他去那里工作。郭永怀回国后开始在力学所担任副所长，我们一起开创中国的力学事业。后来搞核武器的钱三强找我，说搞原子弹、氢弹需要一位搞力学的人参加，解决复杂的力学计算问题，开始他想请我去。我说现在中央已委托我搞导弹，事情很多，我没精力参加核武器的事了。但我可以推荐一个人，郭永怀。郭永怀后来担任九院副院长，专门负责爆炸力学等方面的计算问题。在我国原子弹、氢弹问题上他是立了大功的，可惜在一次出差中因飞机失事牺牲了。那个时候，就是这样一批有创新精神的人把中国的原子弹、氢弹、导弹、卫星搞起来的。

今天我们办学，一定要有加州理工学院的那种科技创新精神，培养会动脑筋、具有非凡创造能力的人才。我回国这么多年，感到中国还没有一所这样的学校，都是些一般的，别人说过的才说，没说过的就不敢说，这样是培养不出顶尖帅才的。我们国家应该解决这个问题。你是不是真正的创新，就看是不是敢于研究别人没有研究过的科学前沿问题，而不是别人已经说过的东西我们知道，没有说过的东西，我们就不知道。所谓优秀学生就是要有创新。没有创新，死记硬背，考试成绩再好也不是优秀学生。

我在加州理工学院接受的就是这样的教育，这是我感受最深的。回国以后，我觉得国家对我很重视，但是社会主义建设需要更多的钱学森，国家才会有大的发展。

我说了这么多，就是想告诉大家，我们要向加州理工学院学习，学习它的科学创新精神。我们中国学生到加州理工学院学习的，回国以后都发挥了很好的作用。所有在那学习过的人都受它创新精神的熏陶，知道不创新不行。我们不能人云亦云，这不是科学精神，科学精神最重要的就是创新。

我今年已 90 多岁了，想到中国长远发展的事情，忧虑的就是这一点。